KB055765

묘신계록

묘신계록 제4권 (여우 요괴 도감)

인스타그램 Instagram @meoshinke | 유튜브 YouTube @meoshinke

신랑

유성신

여우 할멈

옥선

호천년

천리통 만리통

견호

송사위

돌팔

전달

구미호 각시

송백

은미

박반야

여우 부부 사기단

괴견

불개

백면도고

날라

백사기

청운도사

이옥안

마호

고대호

금선법사

진여

석호

신구

길달

흑여우

무명

소보살

호봉사

호미아

서융왕

무당 여우

도개

염장미

골대감

호냥이

단약 여우

여우 누이

금천자

식인 여우 부부

올가미오

삼발래나

모모

여세

여투

여원

굴여우 가족

금란

여우 여왕

미자

차 례

서
론

묘신계로 가기 전에 반드시 알아야 하는 사항들이 있습니다. 묘신계의 기본 정보부터 묘신계의 주민, 묘시니들을 이해하는 데 도움이 되는 자료들입니다. 이를 모른 채 혹은 무시하고 묘시니들을 만날 시 어떤 일이 벌어져도 책임질 수 없음을 알려드립니다.

여우에 관하여

동서양을 막론하고 여우는 교활하고, 간사한 존재로 여겨졌습니다. 특히 동양의 고전 기록에서의 여우는 둔갑을 할 줄 알고, '사람을 홀리는 존재'로 등장하며, 주로 '남성의 기를 빨아먹는 아름다운 여인'의 모습으로 묘사됩니다. 하지만 정작 본체인 여우는 암컷이 아닌 경우도 있으며, 암컷 여우가 인간 남자로 둔갑하여 사람들을 홀리기도 합니다. 이처럼 대부분의 여우는 인간 사회 가까이에 살며 인간들에게 기생하여 살아갑니다.

묘신계의 여우들도 대부분 둔갑을 할 수 있습니다. 도술을 이용해 각자가 가장 편한, 혹은 좋아하는 모습으로 둔갑하여 인간 세상에 자연스럽게 스며듭니다.

여우는 다종다양한 개체가 있습니다. 그중 인간에게 가장 많이 알려진 구미호는 하나의 종이라 할 수 있습니다. 여우가 백 년을 살면 그 순간부터 백 년을 주기로 꼬리가 하나씩 생기고 900년을 살면 구미호가 될 수 있습니다.

여우의 꼬리는 자신의 힘을 상징하는 것으로 꼬리 수가 많은 것은 굉장한 힘을 가지고 있음을 보여줍니다. 그렇지만 모든 여우가 오래 산다고 해서 꼬리의 수를 늘릴 수 있는 것은 아니며, 영리하고 특정한 힘을 가진 몇몇만이 할 수 있습니다. 여우가 천 년 동안 수련을 통해 힘을 키우면 꼬리가 열 개인 천호가 될 수 있습니다. 천호는 여우가 될 수 있는 최고의 경지로, 신수가 되어 하늘에 올라가 하늘의 심부름꾼이 될 수도 있으며, 여우 신으로 모셔질 수도 있습니다. 그리고 꼬리의 수를 늘릴 수 있을 만큼 강한 힘을 가졌음에도 굳이 꼬리의 갯수로 자랑할 필요가 없다고 생각하는 여우들도 존재합니다.

인간들도 각자가 가진 가치관과 목표가 다른 만큼 여우들도 개체마다 가진 특징과 삶의 방식이 있기에 조금씩 다른 양상을 보입니다.

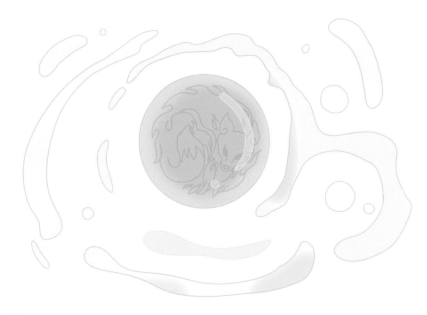

여우구슬

여우에게 있어 꼬리만큼 중요한 것이 바로 여우구슬입니다. 여우는 구슬을 최소 1개부터 최대 7개까지 만들 수 있으며, 평균적으로 1~2개 정도만 만듭니다. 힘을 따로 보관하는 것과 같기 때문에 구슬이 사라지면 다시 만들 수는 있으나, 그 수를 무한정으로 늘릴 수는 없습니다. 물론 여우임에도 구슬이 없는 경우도 있습니다. 여우구슬은 여우에게 있어 힘의 집합체라 할 수 있기에 항상 몸 안에 지니고 다닙니다. 각자가 중요하게 생각하는, 혹은 능력을 사용하는 신체 부위에서 구슬이 나오며, 이는 간, 심장, 눈, 배 등 다양한 부위에 기운으로 존재하다가 필요시에 꺼내서 사용합니다. 여우구슬을 인간이 먹게 되면 특별한 힘이 생기게 됩니다.

　　여우들에게는 그들만의 사회가 있습니다. 묘신계의 한 곳에 위치한 여우 구역이 바로 그곳입니다. 이곳에서 여우들은 서로 정보를 교환하기도 하고, 물건을 거래하기도 합니다. 물론 다른 묘시니들도 이곳에 올 수 있습니다만, 여우들의 구역에 함부로 발을 들이는 묘시니는 많지 않습니다.

묘신계 (猫神界) **세계관**

묘신계는 12지신에 들지 못한 13번째 동물 고양이 '묘신'이 다스리는 영혼의 영역입니다. 하늘과 땅과 바다가 있고, 해가 뜨고 달이 지는, 일반적으로 인간이 생각하는 정형화된 세계와는 다른 곳입니다. 시간과 공간의 개념 역시 중력의 법칙이 작용하는 인간 세상과는 다르게 적용됩니다. 이 곳에는 우리가 흔히 요괴, 귀신, 신수, 신령 등으로 부르는 특별하고 이상한 존재 묘시니들이 살고 있습니다.

초자연적인 존재, 묘시니들

자연의 이치에서 벗어난, 설명하기 어려운 불가사의한 존재들을 인간 세상에서는 흔히 귀신·요괴·신수·신령 등으로 분류하여 불러 왔습니다. 아주 먼 옛날 인간의 기록이 시작되기 전부터 살아온 이 기괴한 존재들은 인간의 시선과 관념으로는 이해하기 힘든 일을 벌이고 행동하는데, 이 책의 내용 또한 인간의 시점에서 그들의 이야기를 기록한 것이므로 실상은 다를 수도 있습니다.

분류

여느 생명체처럼 묘시니들도 종류에 따라 정의되고 분류됩니다. 우선 모든 묘시니들은 크게 3가지의 기준을 거쳐 나누어집니다.

> 근원 혹은 태생이 어떻게 되는가.
> 외형이 어떠한가.
> 해당 캐릭터의 특징이 무엇인가.

대분류에서는 캐릭터의 근원, 즉 태생을 기준으로 분류합니다. 각 존재의 본질에 따라 나뉘지며 본질만으로 판단이 어려운 경우에는 탄생할 때의 배경과 방법을 참고했습니다. 모든 묘시니들은 대분류에 따라 **물괴, 괴수, 괴인, 신수, 신령** 이렇게 다섯가지로 나뉘어집니다. 중분류에서는 외형의 생김새를 기준으로 분류합니다. 같은 괴수라 해도 일반적으로 우리가 아는 모습을 가진 일반형과 상식을 크게 벗어나는 형태를 가진 경우는 이형으로 구분하고, 같은 괴인이라도 일반적인 인간 형태의 일반형과 더 괴이한 모습을 한 이형으로 나누어집니다. 단, 신수와 신령은 그 특성상 외형보다는 역할과 특징에 따라 분류됩니다. 소분류에서는 개체가 가지고 있는 특징이 좀 더 구체적으로 나뉘어져 분류됩니다.

대부분의 캐릭터들은 원전에서 찾은 내용을 그대로 적용하여 분류하였으나 캐릭터 개발 과정에서 묘신계 세계관을 적용하면서 원전과 다른 외형과 특징을 가지게 된 몇몇 캐릭터는 묘신계 버전 속 모습과 특징을 기준으로 분류했습니다.

물괴

사물이나 자연물이 근원이 되는 괴물로, 인간 형태로 둔갑한 경우도 근원이 사물이면 모두 물괴로 분류합니다.

- **자연물형:** 자연계에 있는, 저절로 생긴 물체의 정령. 혹은 그 자체로 특별한 힘이 있는 경우.
- **사물형:** 오래된 물건이 사(邪)*가 된 경우. 혹은 신기한 물건.

물괴	자연물형	생물형	꽃, 나무 등 생명을 가지고 스스로 생활 현상을 유지하여 나가는 물체인 경우
		무생물형	세포로 이루어지지 않은 돌, 물, 흙 등 생물이 아닌 물건인 경우
	사물형	일체형	물건 자체가 괴력난신이 된 경우
		매개형	물건을 통해서 괴력난신이 소환 혹은 등장하는 경우

* 사(邪): 바르지 못함. 요사스러운 것.

괴수

동물이 근원이 되는 괴물로, 인간 형태로 둔갑하더라도 원래 모습이 동물이면 모두 괴수로 분류합니다.

- **일반형 :** 특수한 능력이 있는 동물. 일반적인 동물 모습을 가지고 있으나 어떤 연유로 인해 본질에 변화가 생긴 경우.
- **이형 :** 성질 · 모양 · 형식 따위가 일반적인 동물과 많이 다른 경우.

		변이형	일반적인 모습에서 후천적으로 외형이 변한 경우
괴수	**일반형**	요술형	인간으로 둔갑하는 것을 포함해서 다양한 모습으로 변신할 수 있거나, 술법을 사용할 수 있는 경우
		수귀형	동물이 죽어 귀신이 된 경우
	이형	돌연변이형	일반적으로 알려진 동물의 외형에서 찾아볼 수 없는 특이한 특징을 가진 경우
		혼합형	여러 동물의 모습이 합쳐져 있는 경우
		공상형	인간세상에서 존재하지 않는 형체나 특징을 가졌거나, 다른 형으로 정의내릴 수 없는 경우

* 이형은 요술을 사용할 수 있더라도 생김새에서 이미 요괴임을 알 수 있어서 따로 요술형을 나눌 필요가 없습니다. 하지만 일반형은 일반적인 짐승의 모습으로 요술을 사용하기에 요술이 그 요괴의 특징이 되므로 요술형을 따로 나눕니다.

괴인

근원과 태생이 인간이지만 외형과 성질이 평범한 인간의 범주에서 벗어나면 모두 괴인으로 분류합니다.

- **일반형** : 외형이 일반적인 인간의 요소를 갖추고 있는 경우. 즉 인간처럼 생겼으나 일반 인간이 아님.
- **이형** : 근원과 태생은 인간이지만 괴이한 모습을 가진 경우. 인간처럼 생기지 않았으나 근본이 인간임.

		이종형	인간의 형태를 가지고 있지만 타고난 것이 다른 종족인 경우
괴인	**일반형**	인귀형	사람이 죽어 귀신이 된 경우
	이형	돌연변이형	정상적인 인간의 유전 계통에 없던 새로운 형질이 나타나 탄생한 것으로, 일반적인 인간 개체에서 볼 수 없는 외형 혹은 특징을 가진 경우
		사고형	자의로 변한 것이 아닌 사고 혹은 저주 등에 의해 된 경우
		혼종형	근원은 인간이나 다른 종과 혼합된 경우

* 동물이 인간의 가죽을 뒤집어쓰고 인간 흉내를 내는 의태형 요괴는 포함되지 않으며, 이러한 경우는 근원을 따져 분류합니다.
* 인간이 수련을 통해 도술이나 둔갑술을 익힌 경우도 마찬가지로 괴인으로 포함하지 않습니다.
* 단순히 호칭에 '귀' 자가 들어간다고 하여 모든 존재가 귀신이 되는 것은 아니며, 그 근원을 따져 인귀형으로 분류했습니다.

신수

신수란 신령스럽고 신성한 짐승입니다. 즉 동물과 같은 외형을 가지고 있으면서 어떤 장소나 물건, 추상적인 가치 등을 수호하거나 세상을 이롭게 하는 존재일 경우 신수로 분류됩니다.

신수	수련형	금수가 오랜 수련을 거치거나 특수한 경험을 통해 영험한 존재가 된 경우
	환수형*	전설의 생물로 영험하게 태어난 경우

* 환수(幻獸): 신기하고 괴이한 짐승

신령

신기하고 영묘하며 초인간적, 혹은 초자연적 위력을 가지고 있을 경우 신령으로 분류합니다. 신수와 구분을 하자면 신수보다 인간의 형상에 가깝고, 존재감이 인간 사회에서 더 큽니다.

신령	수련형	인간이 오랜 수련을 거치거나 특수한 경험을 통해 영험한 존재가 된 경우
	신형	신으로 태어난 경우

속성

묘신계는 7개의 속성이 모여 이루어진 세계로, 이곳에 사는 묘시니들도 이들의 영향을 받습니다. 각 캐릭터들은 하나의 대표적인 속성을 가지고 있습니다. 각 캐릭터들에 관해 면밀한 조사를 거쳤고, 단순히 출몰 지역이나 모습에 따라 속성을 나누는 것이 아닌 각자가 가진 능력과 성향과 영향력에 중점을 두고 대표 속성을 분류했습니다.

모든 성질이 그러하듯이 속성도 다양성을 가집니다. 묘시니들을 단순히 악함과 선함만으로는 구분할 수 없으며, 같은 맥락에서 대표 속성만으로 모든 것을 정의할 수는 없으나 그들을 근본을 이해하는 데 속성은 매우 중요합니다.

속성은 음양오행의 성질에 따라 월(月), 화(火), 수(水), 목(木), 금(金), 토(土), 일(日), 총 7개로 나누어집니다.

묘신계의 7속성

月 달 월	달, 음기, 어둠, 저주, 현혹, 신비함, 지혜, 예언
火 불 화	불, 열정, 사랑, 재앙, 화재, 발화, 변화, 가뭄, 용기, 번개
水 물 수	물, 결빙, 해일, 정화, 치유, 유연함, 소생, 망각, 혼란(무질서)
木 나무 목	흡수, 회복, 끈기, 풍요로움, 독, 완고함(고집), 집착, 불안(겁)
金 쇠 금	쇠, 무기, 병, 탐욕, 재물, 강인함, 징벌, 지성(이성)
土 흙 토	흙, 대지, 재생, 부패, 중화, 생명, 죽음
日 해 일	태양, 양기, 빛, 정의, 행운, 질서, 권위(힘)

인간과의 관계

묘시니들은 인간이 이해할 수 없는 능력과 행동으로 인간 세상에 크고 작은 영향을 끼칩니다. 인간을 좋아해서, 증오해서, 혹은 이유 없이 벌이는 다양한 행동들은 인간들에게 득이 될 수도, 실이 될 수도 있습니다. 인간에게 있어서 이러한 정보는 매우 중요합니다. 아주 오래전부터 묘신계의 요괴, 귀신, 신수, 신령 등에 관심을 가지고 남겨놓은 누군가의 기록을 통해 묘시니들과 인간 사이의 이해관계를 도식화했습니다. 이는 어디까지나 철저히 인간의 시선에서 본 것을 토대로 만들어졌으며, 최대한 객관화화여 측정되었으나 실제 개별 요괴를 맞닥뜨렸을 때 벌어지는 상황과는 다를 수 있습니다.

-3	재해 수준의 위협이 되며, 수많은 인간에게 위협이 되는 존재
-2	신체적, 정신적으로 다수의 인간에게 직접적인 피해를 주는 존재
-1	장난, 공포감 조성, 물질적인 손실 등으로 소수의 인간에게 직간접적 피해를 주는 존재
0	인간에게 득도 실도 크게 영향을 끼치지 않는 존재
+1	사소한 집안일부터 악한 것이 접근하지 못하도록 막는 일까지 소수의 인간에게 간접적으로 도움을 주는 존재
+2	다수의 인간에게 직접적으로 도움을 주거나 이득이 되는 존재
+3	강한 능력과 힘을 가지고 있으며 수많은 인간에게 도움을 주는 존재
★	인간의 행동이나 태도에 따라 득실이 역전될 수 있으므로 주의해야 함
▲	인간에게 득이 될 수도, 실이 될 수도 있는 존재

출몰지역

묘시니들은 묘신계에만 머무르는 것이 아니라 인간 세상의 곳곳에 출몰합니다. 울산 개운포, 경주 남산, 전북 김제, 부산 기장, 백두산 등 정확한 지명이 있는 곳에 출몰하여 이것이 캐릭터의 이름과 함께 기록으로 남아 있는 경우도 아주 많습니다. 캐릭터들의 출몰지역은 옛 문헌에 나오는 기록 그대로를 표시했습니다. 다만, 한국 고전 소설 속에는 현재 한국의 지명이 아닌 고대 다른 나라의 지명이 캐릭터의 출몰지역으로 기록되어 있는 경우가 있습니다. 이런 경우에는 현대의 특정 나라를 지칭하지 않으며, 최대한 원전에 기록된 한글 발음 그대로 표기했습니다.

어두운 밤길, 산길, 골짜기 등 출몰지역이 포괄적인 개념으로 기록된 경우에는 특정 지역이나 지명이 아닌 산속, 주택가 등의 개념적인 구역으로 표기 했습니다.

크기와 몸무게

고전 기록 속에는 캐릭터의 크기가 구체적으로 나와 있지 않거나 과장된 부분이 많습니다. 윗입술이 하늘에 닿을 정도로 크다던지, 태산과 같은 크기의 몸집을 가지고 있다던지, 깃털 하나가 집을 부술 정도라던지 등 현실적으로는 말이 안 되는 부분이 꽤 있습니다. 이는 우리 선조들이 이야기를 더욱 재미있게 즐기기 위해 조금 과장되고, 말이 안 되더라도 이렇게 묘사했던 것으로 보입니다.

묘신계 세계관에서는 이러한 캐릭터 묘사를 최대한 해치지 않는 선에서 현실적인 요건들을 감안하여 구체적인 크기와 길이를 표기 했습니다.

이족 보행하는 동물형 혹은 인간형 캐릭터의 경우 두 다리를 딛고 선 자세에서 머리끝(정수리)부터 발 끝까지의 길이를 키로 표기했습니다. 참고로 키나 크기에는 캐릭터가 장착한 장식이나 모자 등은 포함되지 않습니다.

사족 보행하는 동물형 캐릭터와 뱀이나 용처럼 몸의 길이가 기다란 형태를 가진 캐릭터의 경우에는 꼬리까지 펼쳐진 몸길이를 수치로 표기했습니다. 이는 가장 보편적으로 생물학이나 자연도감 등에서 동물의 신체 크기를 재는 방법을 그대로 적용한 것입니다.

신체의 크기가 고정적이지 않고 상황에 따라 변화하는 캐릭터의 경우에는 기본형과 함께 변화했을 때의 수치를 병기하거나 물결표를 사용하여 열린 가능성을 나타냈습니다. 특히 신수와 신령 중에는 능력에 따라 마음대로 크기 변형이 가능한 개체들이 있는데 이들에게는 '*크기변형가능' 이라는 표시가 있습니다.

개체가 하나가 아닌 경우 여러 개체의 평균적인 크기로 표기했습니다.

각 캐릭터의 몸무게 역시 구체적인 수치로 되어있습니다. 그중 귀신, 즉 인귀형·수귀형에 해당하는 캐릭터의 몸무게는 특별합니다. 인간이 죽은 후 귀신이 되었을 때도 살아생전의 몸무게를 그대로 가지고 있을까요? 아닙니다. 묘신계의 귀신들은 거대하거나 작더라도 겉모습과 상관없이 몸무게가 모두 영혼의 무게의 평균치인 21g입니다. 간혹 섬을 등 위에 지고 있는 신수나 인간이 측정할 수 있는 범위를 넘어선, 혹은 측정에 실패한 경우에는 '가늠할 수 없음'으로 표기되어 있습니다.

나이

묘시니들에게 나이를 물어본다면 어떻게 대답을 할까요? 묘신계에는 자신의 나이를 정확하게 기억하는 캐릭터가 있는 반면, 물어볼 때마다 다른 나이를 이야기하는 요괴도 있고, 너무 오랜 세월을 살아왔기에 자신의 나이를 잊어버린 캐릭터도 있습니다. 이런 경우에는 나이를 '알 수 없음'으로 표시했습니다. 하나의 개체로 존재하지 않고, 종으로서 여러 개체가 있는 경우에는 '개체마다 다름'이라고 표기했습니다.

본문을 읽다 보면 나이가 구체적인 숫자로 기록되어 있으나 캐릭터의 설명에는 '천년 묵은', 혹은 '만년 묵은'이라고 되어 있는 경우가 있습니다. 여기서 몇 년을 묵었다는 건 실제로 살아온 시간을 표기한 것이 아닌 그만큼의 오랜 세월을 살아왔다는 것을 의미합니다.

덧붙이자면, 사실 이들에게는 중력의 법칙이 적용되지 않는데다가, 인간계와 시공간이 다르게 흘러가는 묘신계에 들어온 이후부터는 해가 바뀌어도 더 이상 나이를 먹지 않습니다. 나이는 한국의 정서를 담아 재미있는 상황을 만들어내는 묘신계만의 특별한 설정입니다.

시대

묘시니들에게는 각자의 시대가 있습니다. '시대'란 캐릭터들이 살았던 혹은 등장했던 시기를 기록한 것입니다. 어떤 캐릭터들은 그 시기가 확실하지만, 몇몇 캐릭터의 경우에는 자료를 조사할수록 어느 나라의 것이라고 칼로 자르듯이 정확하게 선을 나누기는 어려운 것들이 있었습니다. 특히 동아시아 문화권에서 공통으로 전해지는 사방신, 기린 등 신수나 신령에 관해서는 정확한 시대를 말하기 어려웠습니다. 이러한 경우에는 '알 수 없음'이라고 표기 했습니다.

힘 (파워지수)

묘신계에서 힘은 단순히 근력을 의미하지 않습니다. 파워지수란 지능·근력·주술·요술·자연 조절 다섯 가지의 능력을 모두 합한 수치로 캐릭터의 실력을 비교합니다. 예를 들어, 인간은 지능과 근력은 있으나 주술, 요술, 자연 조절 능력이 없으므로 평균적으로 13~14 정도의 파워지수를 가지고 있습니다.

몸 크기를 변화할 수 있거나 인간을 잡아먹을 때 본모습을 드러내는 캐릭터 같은 경우엔 변형된 모습과 능력을 발휘할 때의 기준으로 파워지수가 측정됩니다.

일반적으로 파워지수가 높은 캐릭터가 낮은 캐릭터보다 힘이 세고 능력이 뛰어난 것이 사실이나, 항상 파워지수가 높은 캐릭터가 낮은 캐릭터를 이길 수 있는 것은 아닙니다. 특정 능력이 뛰어날 경우, 서로의 속성이 상극인 경우, 또는 처해진 특별한 상황 등에 따라 다른 결과가 나올 수도 있습니다.

지 능	**근 력**	**주 술**	**요 술**	**자연조절**
지혜와 재능을 통틀어 이르는 말로, 새로운 대상이나 상황에 부딪혀 그 의미를 이해하고 합리적인 적응 방법을 알아내는 지적 활동의 능력을 이야기 합니다.	근육의 힘, 또는 그 힘의 지속성을 이야기 합니다.	불행이나 재해를 막으려고 주문을 외거나 술법을 부리는 것. 또는 그러한 술법을 이야기 합니다. 저주, 치유 등 어떤 개체의 상태를 변하게 하는 힘을 주술이라고 지칭합니다.	초자연적인 능력으로 괴이한 일을 행하거나 그러한 술법을 이야기합니다. 예언, 변신술, 축지법 등 스스로에게 변화를 주는 힘을 요술이라고 지칭합니다.	자연은 사람의 힘이 더해지지 않고 저절로 생겨난 산, 강, 바다, 식물, 동물 따위의 존재를 의미하며, 본성이나 본질을 이야기 하기도 합니다. 물, 불, 바람, 땅 등 자연을 변하게 하거나 조절할 수 있으며 자신의 속성을 다룰 수 있는 특별한 힘을 이야기 합니다. 때때로 자연을 조절하는 능력 중 일부를 요술로 착각하기도 합니다.

이름

묘시니들에게는 각자의 이름이 있습니다. 이름이 그대로 인간 세상에 알려진 경우도 있지만, 진짜 이름이 아닌 인간들에게 발견되었을 당시의 모습과 행동으로 인해 다른 이름으로 불리게 된 경우도 있습니다. 예를 들어 달걀귀신은 얼굴이 달걀과 같다고 하여 인간들이 붙인 이름이지만, 묘신계 존재들 사이에서는 '다갈'이라고 불립니다. 마찬가지로 동자삼과 물귀신도 그러합니다. 동자삼 같은 경우에는 보이는 모습이 동자(아이)와 같다고 하여 '동자+(산)삼'을 합쳐 이름처럼 부르기 시작했지만, 묘신계에서 불리는 동자삼의 진짜 이름은 '진진'입니다. 물귀신은 물에 빠져 죽은 귀신들을 통틀어 일컫는 명칭일 뿐, 수많은 물귀신들에게는 각자의 이름이 있습니다. 이처럼 묘시니들은 인간 세상에 진짜 이름이 알려져 있지 않기에 불리는 명칭이 다양한 경우가 많습니다. 묘신계 캐릭터들을 제대로 알기 위해서는 진짜 이름을 아는 것도 중요한 부분입니다.

각자가 가진 능력과 사연이 다른 만큼 각 묘시니의 진짜 이야기를 본격적으로 듣기 위해 이제 본론으로 넘어갑시다.

묘시니 분류

귀신

요괴

신수

신령

속성 별 분류

달 월 (月)

불 화 (火)

물 수 (水)

나무 목 (木)

쇠 금 (金)

흙 토 (土)

해 일 (日)

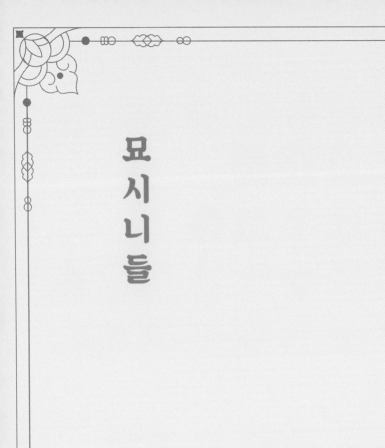

묘시니들

자연의 이치에서 벗어난, 설명하기 어려운 불가사의한 존재들을 인간 세상에서는 흔히 귀신·요괴·신수·신령 등으로 부릅니다. 그리고 이 기괴하고 초자연적인 존재들은 묘신계의 주민, 묘시니로 살아가고 있습니다. 이제부터 만나게 될 묘시니들의 이야기는 인간의 시점에서 기록된 것이므로 실상은 다를 수 있습니다.

간선호

이름	간선호	이해관계	0
종	요괴	출몰지역	백령도 호수
분류	괴수-일반형-요술형	키/크기	194cm
속성	쇠(金)	몸무게	68kg
특징	용과 용 자손들의 간을 먹고 힘이 세짐	나이	2157살
		시대	신라 진성여왕

POWER | 파워지수

지능 · 주술 · 요술 · 자연조절 · 근력
55

용의 간을 빼먹는 늙은 여우다. 바다를 다스리는 강한 용은 당연히 건드릴 수 없지만, 호수나 연못의 용 혹은 그 후손들의 간을 빼먹는다. 해가 올라올 때쯤 하늘에서 승려의 모습으로 내려와 입으로는 계속해서 알 수 없는 주문을 외우고 용이 사는 물 주위를 세 바퀴 돈다. 이 여우가 외우는 알 수 없는 주문을 들으면 아무리 반항하려고 해도 몸에 힘이 빠지며 물 위로 배를 드러내게 된다고 한다. 간뿐만 아니라 창자까지 모두 먹어 치우며 먹은 후에는 다시 하늘 위로 모습을 감춘다. 오직 용과 그 후손의 것만 먹고 사라지며 동틀 때를 제외하고는 볼 수 없기에 모든 것이 비밀에 싸여있다. 이 여우를 죽일 수 있는 유일한 방법은 강한 힘을 가진 이가 특별한 화살로 쏴 죽이는 것뿐이다.

견호

이름	견호	이해관계	-2
종	요괴	출몰지역	주택가
분류	괴수-일반형-요술형	키/크기	140cm
속성	나무(木)	몸무게	17kg
특징	개로 둔갑 주인에 대한 집착이 심함	나이	350살
		시대	조선 후기

POWER | 파워지수

지능
주술
요술
자연조절
근력

26

개로 둔갑해서 인간과 같이 지내는 여우다. 여우의 천적이 개인 점을 생각하면 매우 특이한 요괴라 할 수 있다. 개로 둔갑하여 마음에 드는 인간에게 접근해 자신을 키우도록 만들며, 하루 종일 주인의 곁에 붙어 있는 것이 특징이다. 그만큼 자신이 한 번 점 찍은 인간에 대한 독점욕이 매우 강하다. 그래서 주인이 자신 외에 누군가를 마음에 들어 하거나 집에 데려오면 화를 낸다. 그 화가 쌓이면 심한 경우에는 주인이 좋아하는 대상과 주인까지 물어뜯어 죽여버린다. 내가 가지지 못하면 남도 가질 수 없다는 생각을 가지고 있는 무서운 요괴다.

고대호

이름	고대호	이해관계	-2
종	요괴	출몰지역	도시 혹은 주택가
분류	괴수-일반형-변이형	키/크기	500cm
속성	달(月)	몸무게	140kg
특징	고대 여우 남자의 정혈을 좋아함	나이	알 수 없음
		시대	고대

POWER | 파워지수

지능
주술
요술
자연조절
근력

57

고대에 태어난 거대한 구미호로, 매우 영악하여 모든 천지조화를 다 알고 인간 세상의 일을 모르는 것이 없으며, 신령들조차 상대하기 어려워한다. 여러가지 모습으로 둔갑해서 전국을 돌아다니며 매우 뛰어난 남자의 정혈(精血)*과 오장(五臟)*을 먹고 힘을 보충하면서 살아간다. 이 구미호를 잡으려면 고대에 태어난 어떤 것을 이용해 제압하는 길밖에 없다. 옛날 어떤 스님이 고대의 나무로 만든 인조신장*을 이용해 고대호를 상대한 적이 있다.

*정혈(精血): 생기를 돌게 하는 맑은 피
*오장(五臟): 간장, 심장, 비장, 폐장, 신장의 다섯 가지 내장을 통틀어 이르는 말.
*인조신장: 우주가 창조되던 무렵에 태어난 나무를 조각하여 만든 5개의 신장 조각. 자세한 내용은 <한국 판타지 아이템 도감>에서 확인할 수 있다.

골대감

이름	골대감	이해관계	-1	POWER | 파워지수
종	요괴	출몰지역	산속 혹은 도시	
분류	괴수-일반형-요술형	키/크기	186cm	
속성	해(日)	몸무게	65kg	35
특징	해골을 쓰고 변신 대접받는 걸 좋아함	나이	1224살	
		시대	알 수 없음	

파워지수 항목: 지능, 주술, 요술, 자연조절, 근력

해골을 쓰고 인간으로 변신하는 늙은 여우다. 자기 머리에 맞게 해골을 갈아서 뒤집어 쓰고는 인간으로 변신해 인간에게 대접받으러 다니는 일을 즐긴다. 그래서 평범한 인간이 아닌 돈이 많았거나 지위가 높았던 인간의 해골을 찾아 묘지를 돌아다닌다. 해골을 쓰고 둔갑하면 그 인간의 말투뿐만 아니라 습관까지도 똑같이 흉내 낼 수 있어 일반적인 인간은 여우인지 눈치도 못 챈다. 이 여우를 해치울 방법은 특별한 힘을 가진 작대기로 머리를 세게 치는 것인데, 이 막대기의 정체는 비밀에 싸여있다.

괴견

이름	누렁	이해관계	▲	POWER | 파워지수
종	요괴	출몰지역	주택가	
분류	괴수-일반형-요술형	키/크기	183cm	
속성	나무(木)	몸무게	78kg	
특징	주인의 행동을 오랫동안 지켜본 후 죽임	나이	152살	
		시대	조선	

POWER 파워지수 - 지능, 주술, 요술, 자연조절, 근력 : 22

주인을 묻어버리는 요괴다. 주인이 도둑을 쫓는 애완견의 역할만 강요하거나 자신을 존중하지 않는 행동을 하면 이에 앙심을 품고 땅에 묻어 죽여버린다. 물론 이 마음을 한 순간에 품는 것은 아니다. 자그마치 10년 동안 주인이 자신을 대하는 태도를 보며 죽일지 말지를 결정한다. 죽이는 방법은 매우 고전적이다. 밤마다 자는 주인의 옆에 누워 자신의 몸과 비교해가며 키를 재고, 곧장 뒷산에 올라가 그 길이로 땅을 파는 일을 반복한다. 무덤이 완성되면 바로 주인을 물어다 무덤에 던지고 파묻어버린다. 만약 이 계획이 실패하면 그날 밤에는 상복을 차려입고 이무기를 찾아가 자신의 주인을 죽여달라고 요청한다.

구미호 각시

이름	복미호	이해관계	+1
종	요괴	출몰지역	알 수 없음
분류	괴수-일반형-변이형	키/크기	178cm
속성	불(火)	몸무게	65kg
특징	노총각에게 찾아옴 집안을 먹여 살림	나이	900살
		시대	조선

POWER | 파워지수

지능 / 주술 / 요술 / 자연조절 / 근력 : **43**

결혼을 원하는 노총각에게 찾아오는 구미호 각시다. 나쁜 의도가 아닌 행복한 결혼생활을 하기 위해 아름다운 여인의 모습으로 찾아와 시간을 보낸다. 같이 밥을 먹고, 산책을 하는 등 행복한 시간을 보낼 뿐 나쁜 짓을 하지 않는다. 단, 남편이 잠든 밤에는 자리를 몰래 비운다. 남편이 잠든 시간에 진짜 배를 채우기 위해 산으로 올라가 묘를 파헤친 후 송장을 뜯어 먹는다. 그리고 묘를 파헤칠 때 나온 구슬이나 돈이 되는 것들은 챙겨와 시장에 팔아 남편을 먹여 살린다. 밤새 송장을 뜯어먹다가 해가 뜨기 전 돌아오기 때문에 온몸에 새벽이슬이 맺혀있어 아침에는 항상 촉촉하게 젖어있다. 만약 남편을 노리는 다른 여우들이 접근하면 쫓아내고 싸우며, 남편이 죽으면 자신도 목숨을 끊어버린다.

굴여우 가족

이름	여원(대장)	이해관계	-2
종	요괴	출몰지역	유학산
분류	괴수-일반형-요술형	키/크기	100cm
속성	달(月)	몸무게	15kg
특징	굴여우 가족의 머리 가장 몸집이 작음	나이	1728살
		시대	고려 충숙왕

POWER | 파워지수
41

이름	여투	이해관계	-2
종	요괴	출몰지역	유학산
분류	괴수-일반형-요술형	키/크기	190cm
속성	쇠(金)	몸무게	95kg
특징	굴여우 가족의 힘 늠름한 장수로 둔갑	나이	1236살
		시대	고려 충숙왕

POWER | 파워지수
37

이름	여세	이해관계	-2
종	요괴	출몰지역	유학산
분류	괴수-일반형-요술형	키/크기	163cm
속성	달(月)	몸무게	44kg
특징	굴여우 가족의 미 아름다운 여인으로 둔갑	나이	1234살
		시대	고려 충숙왕

POWER | 파워지수
34

유학산 동굴에 사는 여우 조직이다. 인간을 유혹하고 재물을 탈취하는 등 온갖 재변*은 다하고 다니며, 조선시대에는 부사로 오는 이들을 오는 족족 죽여버리기까지 했다. 각각 맡은 역할이 있으며, 셋 중 가장 작지만 능력과 머리가 가장 좋은 여원을 중심으로 행동한다. 여투는 덩치가 큰 장수로 변신해서 각 나라끼리 전쟁을 하도록 하며, 여세는 아름다운 여인으로 변신해 중요한 자리나 위에 있는 인물에게 접근하여 나라에 혼란을 일으킨다. 그리고 이것을 여원이 계획한다. 하지만 항상 모든 계획이 성공하는 것은 아니며, 자물쇠 귀신*에게 계획을 자주 들키곤 한다. 이 여우들은 안동 태백산의 백자나무로 만든 고정금*으로 죽일 수 있다.

*재변: 재앙으로 인하여 생긴 변고.
*자물쇠 귀신: 자물쇠에 갇힌 영혼으로, 세상에 일어나는 모든 일을 알고 있다. 자세한 내용은 <묘신계록 2>에서 확인할 수 있다.
*고정금: 안동 태백산의 천년 묵은 백자나무로 만든 칼이다. 자세한 내용은 <한국 판타지 아이템 도감>에서 확인힐 수 있다.

금란

이름	금란	이해관계	-2	POWER | 파워지수
종	요괴	출몰지역	세금사	
분류	괴수-일반형-변이형	키/크기	190cm	
속성	달(月)	몸무게	68kg	
특징	여우의 천서를 가지고 있음	나이	1552살	
		시대	조선	

금빛 털을 가진 구미호다. 세금사라는 절의 승려들을 쫓아내고 차지한 뒤 절을 찾아오는 인간을 죽인다. 평소에는 눈부시게 아리따운 용모를 가진 소녀의 모습으로 나타난다. 금란의 특별한 점은 바로 여우의 천서*를 지니고 다닌다는 것이다. 여우의 천서를 항상 품속에 들고 다니며, 이 천서 덕에 도술 실력을 가지고 있다. 하지만 부용삭*에 꼼짝 못 하며, 술에 매우 약한 것이 특징이다. 옛날 부용삭을 사용하는 어떤 인간에 의해 천서를 빼앗긴 적이 있다. 자기 힘의 원천인 천서를 되찾기 위해 금란은 그 인간의 주위 인물로 둔갑하고 갖가지 술수를 써 천서를 되찾아왔다.

*여우의 천서: 여우 요괴의 책으로, 총 세 권으로 구성되어 있다. 읽으면 여러 가지 도술을 부릴 줄 알게 된다. 자세한 내용은 <한국 판타지 아이템 도감>에서 확인할 수 있다.
*부용삭: 아무리 강한 요괴라도 한 번에 잡을 수 있는 밧줄. 자세한 내용은 <한국 판타지 아이템 도감>에서 확인할 수 있다.

금선법사

이름	신묘랑	이해관계	-2*	POWER | 파워지수
종	요괴	출몰지역	청성산	
분류	괴수-일반형-변이형	키/크기	230cm	지능
속성	쇠(金)	몸무게	98kg	근력 / 주술
특징	돈을 좋아함 날개 달린 호랑이로 변신 가능	나이	4572살	60
		시대	송나라	자연조절 / 요술

청성산에 사는 삼천 년 묵은 칠미호다. 변화무쌍하고 도술이 뛰어나 소원이 있는 인간이 있다면 원하는 것을 즉시 이루어 줄 수 있고, 특별한 힘을 가지고 있는 인간 혹은 신을 알아보는 감식안도 있으며, 길흉화복과 앞길을 훤히 볼 수 있어 인간들 사이에서는 신통한 도사 '금선법사'로 소문나 있다. 하지만 신묘랑은 돈이 없는 인간은 만나주지도 않으며, 계속 귀찮게 하면 잡아먹는다. 이렇게 잡아먹은 인간의 수가 백이 넘는다. 대신 돈만 준다면 뭐든 해주기 때문에, 모은 재산이 엄청나다. 신묘랑은 하늘의 힘을 받은 영웅이나 신에게도 겁 없이 행동하며, 돈 많은 악인들과 매우 두터운 관계를 유지하기도 한다. 그녀의 주특기 중 하나는 날개 달린 오색 호랑이로 변신하는 것이다. 약을 제조하는 능력도 뛰어난 것으로 알려져 있는데, 금호진인*이 만든 약을 구매하여 자신만의 방식으로 다시 만들어 사용한다.

*금호진인: 수천 년 묵은 암여우로 약을 매우 잘 만든다. 자세한 내용은 <묘신계록 3: 호랑이 요괴 도감>에서 확인할 수 있다.

신묘랑의 약
금호진인이 만든 약을 개조하여 만드는 신묘랑의 약들이다. 사람을 즉사시키는 촉명단(促命丹), 오래 신음하여 오장육부가 으스러지고 여섯 가지 맥박이 끊어져 수개월 후에 죽는 절명단(絶命丹), 말을 못 하게 하는 암약(暗藥)이다.

금천자

이름	금천자	이해관계	-1
종	요괴	출몰지역	산속
분류	괴인-이형-혼종형	키/크기	188cm
속성	불(火)	몸무게	76kg
특징	손바닥에 '금천자(金天子)'라고 쓰여있음	나이	467살
		시대	알 수 없음

POWER | 파워지수

지능 / 주술 / 요술 / 자연조절 / 근력

37

천년 묵은 여우와 인간의 혼혈로, 손바닥에 '금천자(金天子)'라고 쓰여있는 것이 특징이다. 금천자의 어머니는 천년 묵은 여우로, 산에서 나무를 하는 인간 총각과 결혼하여 금천자를 가지게 되었다. 하지만 이 아이가 세상에 나오면 나라가 망할 것이란 소문이 인간들 사이에 퍼졌고, 이 소문 때문에 금천자의 어머니는 남편에게 죽임을 당했다. 금천자의 어머니가 죽임을 당할 당시 금천자가 배 속에 있었기 때문에 인간들은 금천자가 죽은 줄 안다. 하지만 금천자는 다른 여우 신선의 도움으로 간신히 살아났으며, 어머니가 자신을 살리기 위해 인간들에게 애원하는 것도 모두 들었기에 현재는 인간들을 증오하며 산 깊은 곳에 살고 있다.

46

길달

이름	길달	이해관계	+1*	POWER | 파워지수
종	요괴	출몰지역	산속	
분류	괴수-일반형-요술형	키/크기	168cm	
속성	나무(木)	몸무게	46kg	
특징	건축에 뛰어난 자질이 있음	나이	1941살	
		시대	신라 진평왕	

POWER | 파워지수 (지능, 주술, 요술, 자연조절, 근력) 40

건축에 아주 뛰어난 자질을 가진 여우다. 실제로 옛날 신라 진평왕 때 정식으로 등용되어 벼슬을 하며 길달문*을 건축했다. 길달은 건축에 아주 뛰어난 소질을 가지고 있는데 특히 큰 다리나 누문*을 아름답고 튼튼하게 잘 짓는다. 또한 충성심이 매우 강하고 정직하고 우직한 성격이라 관리를 하기에도 손색이 없다. 맡은 일은 최선을 다하고 정직하나 깊은 속내까지는 알 수 없기에 가끔 일을 끝마친 후에는 홀연히 사라진 후 다시 나타난다.

*길달문: 신라시대, 흥륜사(興輪寺) 남쪽에 있었던 문루(門樓).
*누문: 중층(重層)의 누각건축을 지닌 문이다.

이름	날라	이해관계	-1
종	요괴	출몰지역	부산 기장군 용천리
분류	괴수-일반형-요술형	키/크기	94cm
속성	물(水)	몸무게	7kg
특징	인간 괴롭히기를 즐김 여의주를 가지고 있음	나이	1020살
		시대	알 수 없음

POWER | 파워지수

지능 / 주술 / 요술 / 자연조절 / 근력 : **39**

부산 기장 용천리를 맴도는 천년 묵은 여우다. 옛날부터 용천리 일대의 인간들을 괴롭히고 민가를 어지럽히기로 유명하다. 당연히 여우의 모습을 숨긴 채 여러 인간으로 둔갑하여 이런 일을 벌였기에 인간들은 날라의 정체를 잘 모르며 마을에 나쁜 사람이 많은 줄로만 안다. 하지만 인간을 지키는 용천강의 용 허미르*의 방해로 인해 마을에 혼란을 일으킬 수 없게 되었다. 이에 화가 나서 허미르가 승천하는 날, "노란 구렁이"라고 조롱하여 화를 주체하지 못하도록 만들었다. 그렇게 화가 난 허미르가 공격을 가할 때 여의주를 슬쩍했다. 용을 조롱한 대가로 아주 큰 타격을 입었지만, 여의주를 슬쩍한 것에 매우 만족하고 있다.

*허미르: 용천리를 지키는 용. 자세한 내용은 <묘신계록 5: 용·수중 요괴 도감>에서 확인할 수 있다.

단약 여우

이름	환호	이해관계	▲	POWER | 파워지수
종	요괴	출몰지역	향주 낙현암	
분류	괴수-일반형-변이형	키/크기	160cm	지능 주술 요술 자연조절 근력
속성	물(水)	몸무게	24kg	48
특징	배 속에 병을 치료할 수 있는 단약이 있음	나이	1603살	
		시대	명나라	

천년 묵은 누런 구미호로, 하늘에서 내려온 인간의 기운과 피를 먹어 배 속에 신성한 효험이 생긴 요괴다. 이 효험은 배 속에 구슬로 만들어졌으며, 환호는 구슬 덕분에 신기한 술법들을 사용할 수 있게 되었다. 충동적으로 기운과 피를 먹어 일어난 일이었으나 그로 인해 신령한 힘을 가질 수 있었고, 지금은 수련을 통해 완전한 신수가 되는 것을 목표로 하고 있다. 이렇게 신수가 되는 것을 목표로 함에도 가끔 솟아오르는 짐승의 본성을 억제하지 못해 인간의 기운을 흡입하고 싶을 때가 있어 매우 힘들어한다. 사실 구슬에는 세상 모든 고질병과 상처를 낫게 하는 힘이 깃들어 있으며, 수련이 아닌 배 속의 구슬을 꺼내 누군가를 도와줬을 때 진정한 신수가 될 수 있다.

도개

이름	도개	이해관계	▲
종	요괴	출몰지역	도시 혹은 주택가
분류	괴수-일반형-요술형	키/크기	150cm
속성	나무(木)	몸무게	10kg
특징	변신하는 개	나이	알 수 없음
		시대	알 수 없음

POWER | 파워지수

지능 / 주술 / 요술 / 자연조절 / 근력 — 32

변신할 수 있는 개 요괴다. 좋은 주인을 만나 사랑을 받으면 자신이 도술을 부릴 수 있단 사실을 숨긴 채 그저 사랑받는 애완견으로 지내는 것을 즐긴다. 그리고 자신을 사랑해준 보답으로 주인을 부자로 만들어준다. 하지만 자신에게 밥을 제때 주지 않거나 폭력적인 행동을 하는 인간이 있으면 큰 구렁이로 변신해서 죽여버린다. 물론 주인도 마찬가지다. 도술견은 인간을 죽이는 것을 아무렇지 않게 생각하며, 자신을 사랑해 줄 다른 인간을 찾아다닌다.

마호

이름	마호	이해관계	-2
종	요괴	출몰지역	알 수 없음
분류	괴수-일반형-요술형	키/크기	300cm
속성	달(月)	몸무게	70kg
특징	악한 요괴로 타락한 여우의 정령 달의 기운을 흡수	나이	2346살
		시대	신라 문무왕

POWER | 파워지수

지능 · 주술 · 요술 · 자연조절 · 근력

61

원래 하늘에 살던 천년 묵은 여우 정령이었으나 지금은 악한 요괴가 되었다. 여우 정령이던 시절 향랑이라 불리던 선녀의 향기로운 향이 탐났던 마호는 욕심이 생기기 시작했고, 이 향을 가지기 위해 선녀를 공격함은 물론, 이 선녀가 인간이 되었을 때도 주위 인물들로 빙의하여 죽음까지 몰고 갈 정도로 악한 일을 일삼았다. 이걸 모두 알게 된 옥황상제가 마호를 벌하기 위해 벼락신장*을 보내 번개로 죽이려고 하였으나 마호는 벼락을 맞기 직전 순간적으로 신이한 변화를 일으켜 피해 달아났다. 이후로는 요괴가 되어 악한 요괴 무리와 어울리고 있으며, 인간들에게 빙의하고 악한 짓을 저지르면서 아직도 패향옥녀의 향*을 노리고 있다. 옥황상제의 벼락도 피한 이 여우를 잡을 방법은 천태신고의 푸른 삽살개 털*이다.

*벼락신장: 벼락을 다루는 신령. 자세한 내용은 <묘신계록 2>에서 확인할 수 있다.
*패향옥녀의 향: 선녀 향랑이 달에 있는 월궁에서 만든 향이다. 자세한 내용은 <한국 판타지 아이템 도감>에서 확인할 수 있다.
*푸른 삽살개 털: 천태신고의 푸른 삽살개 털로, 여우 요괴를 한 번에 포박할 수 있다. 자세한 내용은 <한국 판타지 아이템 도감>에서 확인할 수 있다.

모모

이름	모모	이해관계	-1
종	요괴	출몰지역	송죽마을
분류	괴수-일반형-요술형	키/크기	100cm
속성	물(水)	몸무게	5kg
특징	인간이 스스로 삭발하도록 만듦 뛰어난 연출가	나이	3400살
		시대	조선

POWER | 파워지수

지능 · 주술 · 요술 · 자연조절 · 근력

41

송죽마을의 어떤 골짜기에 사는 여우로, 인간을 홀린 뒤 삭발하도록 만드는 고약한 요괴다. 자기 머리를 스스로 밀고 후회하는 인간들의 모습을 보며 즐거워하고, 그렇게 자른 머리카락은 수집한다. 모모는 골짜기에 인간이 나타나면, 환각을 펼치기 시작한다. 환각의 내용은 한 편의 드라마와 같으며, 그날 자기 기분에 따라, 골짜기에 들어온 인간의 유형에 따라 각양각색으로 보여준다. 그 환각이 매우 뛰어나고, 빈틈이 없기 때문에 환각임을 알아차리기도 매우 힘들다. 이렇게 환각에 걸린 인간이 스스로 머리를 밀고 나면 눈앞의 모든 것이 환각이었음을 보여준다. 환각이었음을 알아차린 순간까지 모모의 계산에 포함된 것인데, 인간을 놀리고 더욱 큰 절망감을 알려주기 위한 여우의 심술이다.

무당 여우

Hobari

이름	호바리	이해관계	-2
종	요괴	출몰지역	전라도 김제
분류	괴수-일반형-요술형	키/크기	166cm
속성	달(月)	몸무게	57kg
특징	굿을 통해 인간에게 저주를 검	나이	634살
		시대	조선

POWER | 파워지수

지능 / 주술 / 요술 / 자연조절 / 근력

38

한 인간을 지정한 뒤 저주를 거는 무당 여우다. 실체는 몇백 년 묵은 백여우로, 이 여우의 저주에 걸리면 하는 일마다 망하다가 끝에는 염병*을 앓고 죽는다. 처음에는 묘령의 아가씨 모습으로 나타나 인간의 옆에서 매일 밤마다 같이 길을 걷고는 찬바람을 일으키고 사라지는 방법으로 저주를 걸었다. 하지만 어떤 인간에게 이 방법으로 저주를 걸다 들켜서 한쪽 귀가 잘린 후로는 굿을 통해 저주를 거는 방식으로 바꿨다. 인간의 앞에 무당으로 나타나 온갖 말을 하며 굿을 해야 한다고 꼬드기고, 그렇게 굿판이 벌어지면 굿을 하는 척 인간에게 저주를 바로 꽂아버린다. 저주를 거는 것은 잘하지만 나머지 능력은 뛰어난 편이 아니라 일반적인 무기로도 쉽게 잡을 수 있다.

*염병: 전염성을 가진 병들을 통틀어 이르는 말.

무명

이름	무명	이해관계	+1
종	요괴	출몰지역	도시 혹은 주택가
분류	괴수-일반형-요술형	키/크기	165cm
속성	나무(木)	몸무게	52kg
특징	길쌈을 매우 잘함	나이	999살
		시대	알 수 없음

POWER | 파워지수

지능 / 주술 / 요술 / 자연조절 / 근력

34

길쌈*을 잘하는 여우 부인이다. 아름다운 여인의 모습으로 둔갑해서 결혼한 뒤 가족들이 안 볼 때 혼자 방에서 백여우로 변해 자신의 여우구슬을 입에 물고, 네 발로 빠르게 직물을 짠다. 직물을 짜기 위한 재료만 주면 그 양이 얼마가 되던지 하룻밤 만에 직물로 만들어낸다. 보통 인간이면 며칠이 걸릴 과정도 단 하룻밤 만에 해낼 정도로 손이 매우 빠르다. 이렇게 짜낸 무명의 직물은 촘촘하고 탄탄하기로 유명하다. 무명은 자신이 만든 직물을 팔아서 집안에 도움 주는 것을 낙으로 여긴다. 그런데 주의해야할 점이 있다. 무명은 여우의 모습으로 길쌈하고 있는 것을 인간에게 들키면 피를 토하며 죽는다.

*길쌈: 한국의 전통적인 직조 공정으로, 실을 내어 옷감을 짜는 모든 일을 통틀어 이르는 말.

미자

이름	미자	이해관계	-1
종	요괴	출몰지역	여우골
분류	괴수-일반형-요술형	키/크기	182cm
속성	불(火)	몸무게	52kg
특징	남편 여우를 잃은 여우 과부	나이	652살
		시대	알 수 없음

POWER | 파워지수

36

지능 / 주술 / 요술 / 자연조절 / 근력

인간에게 남편을 잃은 여우 과부로, 인간에게 복수를 하며 하루하루를 보낸다. 사냥 나갔던 남편이 오히려 인간에게 사냥당한 이후로 이렇게 악한 마음을 품게 되었다. 남편이 죽은 직후 남편을 죽인 사냥꾼의 아이에게 깃들어 기행을 일삼았으나 정체를 들켜 실패한 적이 있다. 하지만 복수를 포기하지 않고 다른 인간들의 가정을 파탄 내고 다닌다.

여우 과부 미자는 생각보다 단순해서 인간들의 말도 안 되는 말에 속아 넘어가 자신의 정체를 들켜버리는 경우가 많은데, 웃긴 점은 정작 본인은 왜 들킨 건지 모른다는 것이다. 미자는 아직도 남편을 그리워하며 비만 오면 근처의 뒷산으로 올라가 소리 내며 울어, 미자가 우는 곳을 여우골이라 부른다고 한다.

박반야

이름	박반야	이해관계	-2
종	귀신	출몰지역	전라남도 여수 소라면
분류	괴수-일반형-수귀형	키/크기	158cm
속성	불(火)	몸무게	21g
특징	박씨 인간을 쫓아다니는 여우 귀신	나이	2489살
		시대	조선

POWER | 파워지수

지능 / 주술 / 요술 / 자연조절 / 근력

35

옛날 박진사라는 양반의 집에 살았던 여우로, 인간 가족에게 사랑받으며 큰 여우다. 원래는 꼬리가 여섯 개 달린 수천 년 묵은 여우로, 우연히 본 박진사의 다정함이 좋아서 그 집의 딸로 살기 시작했다. 박진사 가족에게는 여우라는 사실을 숨긴 채 사랑받는 딸로 행복하게 살았다. 그렇게 평생 사랑받으며 인간으로 살려고 했는데, 점점 아름다운 모습으로 자라니 남자들이 끝없이 찾아왔다. 박반야는 결혼이 하기 싫어 찾아오는 남자마다 전부 죽였다. 이 사실이 얼마 안 가 들켜버렸고, 뒷산의 굴속에 갇히게 되었다. 그 굴속에서 나오지도 못하고 굶어 죽은 후에는 귀신이 되어 떠돌게 되었다. 박반야는 여전히 박진사 가족들을 그리워하고 있어서, 귀신이 된 후엔 가장 사랑받았던 어릴 때의 모습으로 나타나 박씨를 가진 인간을 찾아 붙어 다닌다.

백면도고

이름	백면도고	이해관계	-2*	POWER | 파워지수
종	요괴	출몰지역	안문산	지능
분류	괴수-일반형-요술형	키/크기	181cm	근력 주술
속성	달(月)	몸무게	62kg	44
특징	아름다운 얼굴을 탐냄 옥선을 존경함	나이	2654살	자연조절 요술
		시대	명나라	

안문산에서 수천 년간 득도*한, 아름다운 얼굴을 좋아하는 백여우다. 백면도고는 안문산 깊은 곳에서 기괴한 모습의 여도사로 살고 있으며, 인간들 사이에서는 관상을 매우 잘 보는 관상쟁이로 소문나 있다. 관상쟁이로 살고 있는 이유는 아름다운 얼굴을 가진 인간이 오면 홀린 뒤 그 인간에게 악한 짓을 벌이기 위함이다. 이는 옥선 때문인데, 사실 백면도고는 옥선을 매우 존경하며 그녀처럼 되고 싶어 한다. 아름다운 얼굴이 되면 옥선처럼 될 수 있다고 믿고 있기에 아름다운 얼굴을 가지려고 인간에게 이런 짓을 벌인다. 이 요괴를 잡는 법은 사악한 기운을 쫓는 부적과 보요삭*이다.

*득도: 오묘한 이치나 도를 깨달음.
*보요삭: 모든 요괴를 한 번에 결박할 수 있는 밧줄. 자세한 내용은 <한국 판타지 아이템 도감>에서 확인할 수 있다.

백사기

이름	백사기	이해관계	-1
종	요괴	출몰지역	알 수 없음
분류	괴수-일반형-요술형	키/크기	192cm
속성	물(水)	몸무게	70kg
특징	인간 골탕 먹이는 걸 즐김	나이	474살
		시대	조선

POWER | 파워지수

34

지능 / 주술 / 요술 / 자연조절 / 근력

인간을 골탕 먹이길 즐기는 하얀 암컷 여우다. 처음에는 가족이 죽어서 슬퍼하는 집에 묫자리를 찾아주는 사람으로 나타난다. 그리고는 갑자기 다리가 아프니 업어달라 요구하고, 인간의 등에 업힌 후에는 이리가라 저리가라 고생시킨다. 그러다 인간이 화를 내면 그제야 대충 아무 데나 가리키며 그 자리에 가족의 시체를 묻게 만든다. 그리고 시체와 똑같이 둔갑하여 밤마다 나타난다. 죽은 가족의 모습으로 나타나서는 다른 것을 요구하는 것이 아닌 묫자리를 옮겨 달라 요청하고, 또 요청한다. 이렇게 인간들이 가족의 모습만 믿고 군말 없이 따르는 모습을 즐긴다. 하지만 완벽하게 둔갑하지 못하고 꼭 하나씩 허점이 있어 어느 순간에는 들키는 편이다. 들키면 순식간에 도망가는데, 막상 들켰을 때는 인간들에게 맞아 죽을까 두렵기 때문이다.

불개

이름	불개	이해관계	0*	POWER | 파워지수
종	요괴	출몰지역	까막나라	지능
분류	괴수-이형-돌연변이형	키/크기	알 수 없음	주술
속성	해(日)	몸무게	알 수 없음	41
특징	불덩어리를 잘 묾	나이	알 수 없음	근력
		시대	알 수 없음	자연조절 / 요술

'까막나라'라는 빛이 없는 암흑 나라에서 키우는 맹견이 바로 불개다. 힘이 세며, 불을 입에 물어도 아무렇지 않으며, 차가운 것 또한 매우 잘 무는 것이 특징이다. 까막나라 의 왕은 이 맹견을 이용해 빛이 없는 까막나라에 태양과 달을 훔쳐 오려 했으나, 결론적 으로 실패했다. 불개가 태양을 물 수는 있어도 너무 뜨거워 몇 번이나 물었다 낳다를 반 복했고, 달도 마찬가지였기 때문이다. 이렇게 실패했으면 포기할 만도 한데 까막나라의 왕은 여전히 암흑인 까막나라에 태양과 달을 가져오기 위해 불개를 주기적으로 보낸다. 이렇게 불개의 태양과 달을 훔치기 위한 시도로 인해 일어나는 것이 일식과 월식이다.

서융왕

이름	서융	이해관계	▲
종	요괴	출몰지역	전쟁터 혹은 서쪽
분류	괴수-일반형-요술형	키/크기	210cm
속성	해(日)	몸무게	110kg
특징	서쪽 이민자들의 왕 팔문금사진이 특기	나이	10523살
		시대	명나라

POWER | 파워지수

지능 / 주술 / 요술 / 자연조절 / 근력

56

만년 묵은 여우 요괴로, 서쪽 이민자들의 왕이다. 이 왕은 전투에 나갔다 하면 가는 곳마다 성을 함락시키고 승승장구하기로 유명하다. 뛰어난 도술 실력을 이용해 전투를 승리로 이끌었다고 할 수 있는데, 서융왕이 사용하는 주특기는 팔문금사진이다. 팔문금사진은 팔문을 이용한 진법으로, 서융왕은 순식간에 운무*로 상대의 시야를 흐리게 한 뒤진 안에 가둬버린다. 이 술법을 사용하면 그 어떤 뛰어난 자라도 꼼짝 못 하고 서융왕이열어줄 때까지 갇혀있을 수밖에 없다. 이 안에 갇혀있으면 시간이 흐르는 줄도 모르고그저 불안감만 커질 뿐이라고 한다. 이 외에도 무수한 신장을 불러내거나 바닥을 가시밭으로 만드는 등 다양한 능력을 가지고 있다.

*운무: 구름과 안개를 아울러 이르는 말.

석호

이름	석호	이해관계	-2
종	요괴	출몰지역	장안읍 오리 판곡마을
분류	괴수-일반형-요술형	키/크기	80cm
속성	물(水)	몸무게	9kg
특징	인간의 눈을 찌름 술이 약점	나이	1332살
		시대	알 수 없음

POWER | 파워지수

지능 / 주술 / 요술 / 자연조절 / 근력

39

장안읍 판곡마을 뒷산에 여우 바위가 있다. 이 골짜기를 여수더미라고 한다. 이 여우 바위 밑에는 천년 묵은 여우가 사는데, 둔갑을 매우 잘하여 인간을 괴롭히고 다닌다. 민가의 닭을 모두 잡아먹는 것을 물론, 인간으로 둔갑하여 서로를 이간질하는 것을 즐긴다. 누군가 자신을 해치러 오면 힘이 없고 약한 모습의 할머니로 변신해 동정심을 끌어올린 뒤 눈을 찔러 장님으로 만들어버린다. 이 여우의 약점은 술로, 술 냄새가 조금만 나도 참지 못하고 도망가 버린다. 원래는 약점을 알 수 없었으나 이 여우가 어떤 젊은 남자를 덮치려다 술 냄새를 맡고 도망간 것을 보고 술이 약점임을 알게 되었다.

소보살

이름	소보살	이해관계	+2
종	신수	출몰지역	알 수 없음
분류	신수-수련형	키/크기	179cm
속성	해(日)	몸무게	57kg
특징	호로병을 이용해 요괴를 잡음	나이	2053살
		시대	명나라

POWER | 파워지수

지능 / 주술 / 요술 / 자연조절 / 근력 — 56

호로병을 이용해 요괴를 잡는 여우다. 옛날에는 수십 마리의 요괴를 부리고, 아름다운 여인으로 변신해 인간들을 홀려 전쟁을 일으키는 등 악한 짓을 밥 먹듯이 일삼는 요괴였다. 그러던 어느 날 어떤 인간에게 잡혀 죽을 뻔하였으나, 인간의 아량*에 살아남은 이후로는 자신이 부리던 요괴들에게도 난리를 부리지 말 것을 당부하고 악한 짓을 그만두었다. 그 이후로는 자신이 저질렀던 잘못을 반성하며 도술을 닦았다. 그 덕에 요괴를 잡는 호로병*을 손에 넣을 수 있었다. 현재는 호로병으로 악한 일을 일삼는 요괴들을 소탕하러 다닌다.

*아량: 너그럽고 속이 깊은 마음씨.
*호로병: 요괴들을 빨아들이는 신기한 병이다. 자세한 내용은 <한국 판타지 아이템 도감>에서 확인할 수 있다.

송백

이름	송백	이해관계	+2
종	요괴	출몰지역	송악산
분류	괴수-일반형-요술형	키/크기	60cm
속성	나무(木)	몸무게	5kg
특징	인간의 해골을 쓰고 변신	나이	1731살
		시대	고려 말기

POWER | 파워지수

지능 / 주술 / 요술 / 자연조절 / 근력

43

송악산에 사는 백여우로, 인간의 해골을 쓰고 무덤 위에서 재주를 세 번 구르면 인간으로 변신할 수 있다. 이렇게 인간으로 변신해서는 나쁜 짓을 할 거라 예상하지만, 오히려 인간들을 도와주는 요괴다. 송악산 산신의 명을 받들어 인간으로 둔갑한 채 병에 걸린 이들이 낫도록 만들어주고, 돈이 필요한 이에게는 훗날에라도 쓸 수 있도록 도와준다. 무당인 척 굿을 통해 병에 걸려 앓아누운 이를 고쳐주고, 그렇게 굿을 하고 받은 돈을 모아뒀다가 돈이 필요한 이에게 준다. 모든 이를 도와주는 것은 아니고, 송악산 산신이 고른 자만 도와준다. 눈치와 순발력이 좋아서 날아오는 화살도 쉽게 잡을 수 있는데, 그 속도가 매우 빨라 평범한 인간은 이 여우가 화살을 잡았다고 눈치도 못 챌 정도다. 평소에는 본모습인 여우로 그저 자신의 보금자리인 무덤 속에서 시간을 보낸다.

송사위

이름	송사위	이해관계	-1
종	요괴	출몰지역	알 수 없음
분류	괴수-일반형-요술형	키/크기	189cm
속성	쇠(金)	몸무게	77kg
특징	잘생긴 얼굴 선산을 가지고 싶어함	나이	2270살
		시대	조선

POWER | 파워지수

지능 / 주술 / 요술 / 자연조절 / 근력

32

인간과 결혼을 통해 이득을 보려는 여우다. 잘생긴 총각으로 둔갑하여 인간의 집에 찾아가 그 집 딸과 결혼하고 싶다고 하며, 자신이 얼굴도 잘생기고 영리한 사위임을 보여주기 위해 한자로 된 시를 지어 선보이는 것이 특징이다. 그 잘생김이 어느 정도냐 하면 송사위의 얼굴을 본 여인들은 그 얼굴을 두고 그림으로 그린 듯한 얼굴을 가지고 있다고 할 정도라고 한다. 아무 인간과 결혼하길 원하는 것은 아니며 선산을 가지고 있는 집안에 사위로 들어가 그 산을 차지하는 것이 최종 목표다. 옛날에 이러한 방법으로 송악산을 가지기 위해 둔갑하는 너구리와 겨룬 적이 있으나, 그 딸에게 정체를 들켜 실패한 적이 있다.

식인 여우 부부

이름	올가미오(남편)	이해관계	-2	POWER | 파워지수
종	요괴	출몰지역	깊은 산속	
분류	괴수-일반형-요술형	키/크기	200cm	지능
속성	흙(土)	몸무게	92kg	근력 / 주술
특징	덫을 설치해서 인간을 잡음	나이	851살	32
		시대	조선	자연조절 / 요술

이름	삼발래나(부인)	이해관계	-2	POWER | 파워지수
종	요괴	출몰지역	깊은 산속	
분류	괴수-일반형-요술형	키/크기	159cm	지능
속성	흙(土)	몸무게	37kg	근력 / 주술
특징	인간을 재료로 한 요리를 매우 잘함	나이	851살	30
		시대	조선	자연조절 / 요술

깊은 산속에 사는 붉은 여우 부부로, 인간을 사냥하고 요리한다. 남편이 새벽같이 일어나 산 곳곳에 덫을 설치해놓고, 해가 질 때쯤에 다시 나와 덫에 걸린 인간을 챙겨 집으로 돌아온다. 이렇게 가져온 인간을 남편이 손질해주면 그걸로 아내가 요리한다. 피로 장을 만들고, 손가락으로 장아찌를 담그며, 살은 육개장을 끓이는 등 인간을 이용해 다양하고 화려하게 맛을 잘 낸다. 모든 부위를 요리해 먹지만 특이하게 인간의 머리는 먹지 않고 잘라서 집 천장 위에 장식하며, 가죽은 벗겨서 생활용품으로 만든다. 이렇게 만든 요리를 노부부로 둔갑해 인간들의 시장에 가져가서 팔 때도 있다. 그리고 가끔 인간이 많이 잡힌 날에는 바로 죽이지 않고 우리에 가두어놓는데, 아내가 만든 요리를 일반적인 고기라 속이고 먹으라며 건넨다. 아주 잔인하고 무시무시한 요괴들이다.

신구

이름	신구	이해관계	+1	POWER | 파워지수
종	신수	출몰지역	알 수 없음	
분류	신수-환수형	키/크기	221cm	
속성	해(日)	몸무게	70kg	
특징	눈이 네 개 청각과 후각이 발달	나이	알 수 없음	
		시대	알 수 없음	

POWER | 파워지수
지능
근력 / 주술
38
자연조절 / 요술

눈이 네 개 달린 개로, '신선 개', '귀신 잡는 개' 등으로 불린다. 신구가 가진 네 개의 눈은 아침뿐만 아니라 칠흑 같은 밤에도 멀리서 얼씬거리는 귀신을 잘 알아보고, 귀신의 소리와 냄새로 찾아낼 수 있을 정도로 청각과 후각이 고도로 발달되어있다. 예로부터 한국의 민간에서는 눈을 많이 가진 것이 귀신에게 두려움을 주고 물러가게 한다는 믿음이 있어 귀신을 쫓기 위해 신구의 그림을 그려 집에 걸어두기도 했다.

신랑

이름	신랑	이해관계	-1	POWER | 파워지수
종	요괴	출몰지역	금주	
분류	괴수-일반형-요술형	키/크기	194cm	
속성	물(水)	몸무게	82kg	
특징	새신부를 노리는 여우	나이	1166살	
		시대	고려	

POWER | 파워지수

지능
주술
요술
자연조절
근력

37

새신랑으로 둔갑하여 집안에 혼란을 만드는 여우다. 결혼식 전날 밤 집에 들어가 남자를 기절시킨 뒤 산에 갖다 버리고, 자기가 그 남자로 둔갑하여 결혼식을 하고 첫날밤을 보낸다. 이렇게 하는 데에 있어 특별한 이유는 없으며, 그저 여인을 좋아하고 자신을 새 신랑이라 착각한 채 행동하는 인간들의 모습을 즐기는 것으로 보인다. 이 여우와 하루를 보낸 신부는 나중에 피를 쏟아내는 등 몸에 안 좋은 변화가 찾아오는 것이 특징이다. 이 여우는 강한 기를 가진 인간 앞에서는 둔갑술이 풀리며 기절해버린다.

야구호들

이름	야구호	이해관계	-1	POWER | 파워지수
종	요괴	출몰지역	여우터	
분류	괴수-일반형-변이형	키/크기	평균 120cm	
속성	흙(土)	몸무게	평균 12kg	
특징	야구호들이라 불림 자신들만의 터가 있음	나이	개체마다 다름	
		시대	조선	

지능
근력
주술
자연조절
요술
43

자신들만의 터를 가지고 있는 여우 무리다. 구미호를 중심으로 무리가 이루어져 있으며, 인간들 사이에서는 이곳이 여우들의 터가 아닌 명당이라 알려져 있다. 그래서 겁도 없이 인간들이 여우터를 침범하곤 하는데, 터를 뺏긴 야구호들은 인간으로 둔갑하여 터를 뺏어간 인간을 찾아가 행패를 부린다. 걸인*, 노파 등의 인간 모습으로 변신해 행패를 아주 다양한 방법으로 보여준다.

　야구호들에게는 여우를 잡는 일반적인 부적이 통하지 않으며, 오히려 부적을 가지고 있으면 그것을 찾아내 갈기갈기 찢어 입에 넣고 삼켜버리기 때문에 섣불리 부적은 사용하지 않는 것이 좋다. 야구호들을 쫓아내는 방법은 대부분 여우의 약점이기도 한 사냥개를 데려오는 것으로, 야구호들은 사냥개가 등장하기만 해도 아연실색하며 도망간다.

*걸인: 남에게 빌어먹고 사는 사람.

여우 누이

이름	여순이	이해관계	-2
종	요괴	출몰지역	도시 혹은 주택가
분류	괴수-일반형-요술형	키/크기	97cn
속성	쇠(金)	몸무게	15kg
특징	가축 뿐만 아니라 인간의 간을 빼먹음	나이	1302살
		시대	조선

POWER | 파워지수

지능
주술
자연조절
요술
근력

40

딸이 필요한 집에 태어나 집안을 풍비박산 내는 요괴다. 민가 근처 뒷산의 여우당에서 아이를 원하는 부부가 와서 소원을 빌면 여우 누이가 그 집의 아이로 태어난다. 그리고 6살쯤부터 밤마다 여우로 변해 집안의 가축이나 애완동물의 간을 빼먹고, 좀 더 자라면 가족들의 간까지 노린다. 누가 이 여우 요괴를 인간의 몸에 태어나게 했는지는 비밀에 싸여있다.

이 사악한 요괴를 물리칠 방법은 아주 특별한 세 가지 병*을 이용하는 것이다. 이 병들은 각각 특별한 힘을 가지고 있어 여우 누이를 물리칠 수 있다. 단, 여우 누이는 매우 강하여 가시덤불을 헤치고, 불길에 몸이 타도 움직이며, 물보라가 일어나도 헤엄쳐서 이겨내기 때문에 세 가지 병을 모두 사용해야만 겨우 물리칠 수 있다.

*세 가지 병: 빨간 병, 파란 병, 하얀 병의 총 3가지 특별한 힘을 가진 병으로, 자세한 내용은 <한국 판타지 아이템 도감>에서 확인할 수 있다.

여우 모녀

Hoho & Yeori

이름	호호(엄마)	이해관계	-2*
종	요괴	출몰지역	도시 혹은 주택가
분류	괴수-일반형-요술형	키/크기	182cm
속성	쇠(金)	몸무게	63kg
특징	시에 관해 자부심이 있음 어마어마한 딸 바보	나이	450살
		시대	조선

POWER | 파워지수

34

지능 / 주술 / 요술 / 자연조절 / 근력

이름	여리(딸)	이해관계	-2*
종	요괴	출몰지역	도시 혹은 주택가
분류	괴수-일반형-요술형	키/크기	157cm
속성	쇠(金)	몸무게	35kg
특징	그림을 매우 좋아함	나이	313살
		시대	조선

POWER | 파워지수

22

지능 / 주술 / 요술 / 자연조절 / 근력

인간들 사이에 숨어 사는 여우 모녀다. 모녀라고는 하나 엄마만 여우고, 딸은 삵이다. 딸이 삵인 이유는 엄마만 알고 있다. 절을 지어놓고 인간이 들어오면 인간 모녀의 모습으로 나타나 정성스럽게 대접한 뒤 죽인다. 특이한 점은 죽이기 전 그림을 그려달라고 요청하며, 그림이 맘에 들면 답례로 호호가 지은 시를 들려주고 비단 한 필을 준 뒤 그냥 보낸다. 여우 모녀가 지은 시를 들으면 알 수 없는 느낌과 함께 단번에 이들이 요괴임이 느껴진다. 시의 신비한 힘에 비해 내용에서는 견문(見聞)*이 좁은 것이 티가 나는 편이다. 그림이 맘에 들지 않으면 바로 죽게 되니 혹여 이상한 절에 가게 된다면 그림을 잘 그리는 편이 좋을 듯하다.

*견문(見聞): 보고 들음.

여우 부부 사기단

이름	돌팔(남편)	이해관계	-1
종	요괴	출몰지역	도시 혹은 주택가
분류	괴수-일반형-요술형	키/크기	180cm
속성	쇠(金)	몸무게	68kg
특징	의사 흉내를 잘 냄	나이	1932살
		시대	신라 선덕여왕

POWER | 파워지수
38
지능 / 주술 / 요술 / 자연조절 / 근력

이름	전달(부인)	이해관계	-1
종	요괴	출몰지역	도시 혹은 주택가
분류	괴수-일반형-요술형	키/크기	183cm
속성	쇠(金)	몸무게	63kg
특징	병으로 변신해서 인간의 몸에 들어감	나이	1932살
		시대	신라 선덕여왕

POWER | 파워지수
41
지능 / 주술 / 요술 / 자연조절 / 근력

여우 부부 사기단이다. 부인이 인간에게 스며들어 병을 앓게 만들면, 남편은 의사로 변신해 병을 낫게 만드는 척하며 돈을 받는다. 아무 인간에게나 이런 짓을 하지는 않으며, 나라의 중요한 인물 혹은 누군가에게 의뢰받을 때만 한다. 부인 여우가 병이 되어 몸에 들어가면 아무리 뛰어난 의사가 와도 어떤 병인지, 어떻게 하면 나을 수 있는지 알 수 없다. 이렇게 병에 대한 갈피를 잡지 못하고 있을 때 남편 여우가 의사로 나타나 돈을 받고 혹은 요구하는 바를 이뤄주면 병을 낫게 해주는 척한다. 옛날 선덕여왕을 병에 걸리게 해달라는 의뢰를 받아 실행하였으나, 밀본법사의 신통력에 의해 들켜 달아난 적이 있다.

여우 여왕

이름	티나	이해관계	-2
종	요괴	출몰지역	여인국
분류	괴수-일반형-변이형	키/크기	192cm
속성	달(月)	몸무게	76kg
특징	여인국에서도 가장 아름다움 턱에 이상한 털이 있음	나이	2800살
		시대	고려

POWER | 파워지수

지능 68 주술 요술 자연조절 근력

동쪽 어딘가에 있는 여인국이라는 나라에 인간을 홀리는 여우 종족이 있다. 이들은 모두 적게는 수십 년, 많게는 수천 년을 산 여우들이며, 모두 미인의 모습이다. 물고기가 그 아름다움에 넋을 잃고 헤엄치는 것을 잊어 익사하며, 기러기가 날갯짓을 잊고 땅에 떨어질 정도다. 턱에 이상한 털이 나있는 것이 특징인데, 대부분 가리개로 하관을 가리고 있다. 여인국 여우들은 배를 타고 바다를 떠다니며 지나가는 인간들을 미모와 청산유수 같은 말솜씨로 홀린 뒤 여인국으로 데려간다. 여인국은 일반적인 집조차도 매우 화려하고, 여왕이 사는 궁전은 푸른 기와와 금빛 벽으로 이루어져 매우 아름답다.

여인국의 여왕은 여인국에서도 가장 아름다운 모습으로, "눈은 새벽하늘 빛을 만난 맑은 별과 같고, 얼굴은 가을 물결에 잠긴 연꽃 같으며, 허리는 봄바람에 휠 정도인 여린 버들 같다."라고 전해진다. 여왕이 가장 좋아하는 것은 인간을 푹 고아 만든 진액으로, 이것은 바다에서 데려온 인간들을 푹 고아서 농축한 뒤 한약처럼 만든 것이다. 여왕은 인간 진액의 힘으로, 아름다움을 유지하며 환술을 부린다. 여인국은 사실 황망한 땅으로, 여왕의 힘을 통해 아름다움을 유지하고 있다. 그렇기에 여왕에게 문제가 생기면 여인국과 여우들의 본 모습이 드러난다. 여인국 여우는 붉은 개의 가죽 수백장과 영험한 힘을 가진 종황의 부적*으로 죽일 수 있다.

*종황의 부적: 동물의 가죽에 붙여서 사용하는 부적이다. 자세한 내용은 <한국 판타지 아이템 도감>에서 확인할 수 있다.

여우 할멈

Myojima

이름	묘지마	이해관계	-3
종	요괴	출몰지역	경기도 안산, 김해 등
분류	괴수-일반형-요술형	키/크기	166cm
속성	쇠(金)	몸무게	50kg
특징	공동묘지에서 나타남 전염병을 퍼뜨림	나이	223살
		시대	근대

POWER | 파워지수

지능 · 주술 · 요술 · 자연조절 · 근력

41

무덤을 지나가다 보면 낮이어도 간담이 서늘해짐을 느낄 수 있는데, 이는 바로 여우 할멈 묘지마가 당신을 지켜보고 있기 때문이다. 묘지마는 공동묘지의 한 곳에 깊은 굴을 파고 살고, 밤이면 할머니의 모습으로 변신해 어린아이나 여자를 홀린 뒤 잡아간다. 사라진 인간이 어떻게 되는지는 알 수 없다. 신통력을 부려 인간을 괴롭히기도 한다. 배가 고플 때는 무덤 속 시체를 꺼내 먹는데, 가장 좋아하는 것은 아이의 시체다. 이렇게 식사하고 있을 때 누군가 건드리거나 지켜보고 있었단 사실을 알게 되면 그 인간이 죽을 때까지 쫓아다닌다.

　묘지마의 또 다른 무서운 능력은 병을 일으킨다는 것이다. 묘지마가 일으키는 병은 위력이 엄청난 전염병으로, 적게는 몇십 명, 많게는 수천 명의 인간이 죽는 일이 태반이다. 이런 다양한 능력 때문에 묘지마는 일반적인 무기로는 죽일 수 없다. 다행히 묘지마에게도 무서워하는 것이 있는데, 바로 불과 밝은 빛이다. 그래서 낮에는 모습을 드러내지 않으며, 손전등과 타오르는 횃불을 비추면 아무것도 못 한 채 그저 눈을 부라리고 경계할 뿐이다.

염장미

이름	염장미	이해관계	-2
종	요괴	출몰지역	알 수 없음
분류	괴수-일반형-요술형	키/크기	60cm/185cn
속성	불(火)	몸무게	6kg/70kg
특징	꼬리에서 나오는 불로 방화를 함	나이	480살
		시대	조선 후기

POWER | 파워지수

지능 / 주술 / 요술 / 자연조절 / 근력

46

여기저기 불을 지르고 다니는 여우다. 섣달 그믐*마다 나타나 꼬리에서 자유자재로 나오는 불로, 민가의 지붕 위를 뛰어다니며 불을 지른다. 여우의 모습으로 다니면 방화를 하기도 전에 잡히는 일이 허다하였기 때문에 인간 여자의 모습으로 둔갑한 후 다닌다. 의심을 사지 않기 위해 어떤 때에는 어린 소녀의 모습으로, 어떤 때는 노파의 모습으로 둔갑하고 방화를 하는 것이 특징이다. 염장미는 수많은 여우가 그러하듯이 사냥꾼이나 사냥개, 총에 약하다.

*섣달 그믐: 음력으로 한 해의 마지막 날.

옥선

이름	옥선	이해관계	-3
종	요괴	출몰지역	알 수 없음
분류	괴수-일반형-변이형	키/크기	230cm/183cm
속성	흙(土)	몸무게	110kg/69kg
특징	머리가 두 개 돌상자에 갇혀있음	나이	5068살
		시대	고대

POWER | 파워지수

지능 / 주술 / 요술 / 자연조절 / 근력 — 69

천하의 악녀로 소문 난 구미호다. 신통력이 뛰어나 인간으로 둔갑하는 것 정도는 간단하게 할 수 있으며, 분신을 만들어 조종할 수 있다. 옥선의 본체는 금빛 털에 두 개의 머리와 아홉 꼬리를 가진 여우로, 그녀가 나타날 때는 음산한 구름이 사방에서 일어나고 검은 안개가 자욱하게 끼며 비린 냄새가 코를 찌른다. 권모술수로 인간을 몰아가는 것은 기본이고, 아름다운 미녀로 둔갑하여 왕을 유혹해 전쟁을 일으키는 등 세상을 혼란스럽게 하는 일을 끝도 없이 저질러 지금은 벌로 돌상자에 갇혀 있다.

옥선은 분신을 완벽하게 잘 만든다. 분신은 주로 아름다운 여인의 모습으로, 가장 큰 특징은 눈썹이 푸르다는 것이다. 옥선의 분신 또한 습득 능력이 뛰어나고, 본체만큼은 아니지만 요술도 부릴 수 있다. 그래서 아무리 뛰어난 도술을 가진 자도 분신인지 알아채지 못하는 경우가 많다. 분신을 없애는 방법은 요술을 제어하는 부적을 분신에게 붙이고, 목과 발목을 쇠사슬로 묶어 도망치지 못하게 한 뒤 목을 잘라야만 한다. 이렇게 분신을 죽이면 그 혼은 다시 돌상자에 갇혀있는 옥선에게로 돌아간다. 옥선은 현재도 분신을 이용해 돌상자에서 탈출할 수 있는 방법을 찾고 있다.

유성신

이름	유성	이해관계	▲
종	신수	출몰지역	경주 일대
분류	신수-수련형	키/크기	270cm
속성	해(日)	몸무게	80kg
특징	길치인 편	나이	2400살
		시대	신라

POWER | 파워지수

지능 / 주술 / 요술 / 자연조절 / 근력

66

신라 시대에 신으로 모셔진 여우다. 꼬리가 열 개인 천호*로, 원래는 하늘의 심부름꾼으로 동쪽에 가야 했으나 잘못하여 당나라에 도착하게 되었다. 원래 있어야 할 곳이 아니라 그런지 당나라 관리들을 방해하고 홀리는 것은 물론, 당나라에 해가 되는 일을 하며 행패를 일삼았다. 이를 참지 못한 당나라에서 유성신을 동쪽 끝, 그 당시 신라로 보내었고, 원래의 목적지에 온 유성신은 그 이후로는 악한 짓을 하지 않은 채 인간들의 부탁을 들어주고 선한 행보를 이어갔다. 이에 신라 사람들은 유성신을 신성한 여우 신으로 받들어 모셨다고 한다.

*천호: 여우가 수행해서 오를 수 있는 최고의 경지

은미

이름	은미	이해관계	-2
종	요괴	출몰지역	금강산
분류	괴수-일반형-요술형	키/크기	110cm
속성	달(月)	몸무게	9kg
특징	귀여운 모습 금강산을 쥐락펴락함	나이	30000살
		시대	조선

POWER | 파워지수

지능 / 주술 / 요술 / 자연조절 / 근력

66

몇만 년 묵은 여우로 온갖 재주를 이용해 금강산을 아름답게 만들고 자기 모습까지 가꾸어 인간을 홀려 그 기운을 흡수해 힘을 키운다. 둔갑은 물론이고 그 외에도 갖가지 도술과 재주가 매우 뛰어나다. 인간을 홀릴 때는 절세미인의 모습으로 둔갑하여 접근하고, 자신이 한 번 점 찍은 인간은 어떻게든 손에 넣고 마는 집착을 보여준다. 이렇게 은미에게 찍힌 인간은 기력이 모두 빨려서 죽어야만 은미의 손아귀에서 벗어날 수 있다. 금강산 산신을 쫓아내는 것은 물론이고, 용왕도 무서워하지 않는 아주 강력한 요괴라 신들마저도 은미를 상대하기 껄끄러워한다. 은미는 자신의 힘이 다하여 죽기 직전이 되면 여우의 모습을 드러내는 것이 특징인데, 본모습 또한 둔갑하였을 때 못지않게 아름답기로 유명하다. 은빛이 도는 하얀 털에 커다란 눈과 귀엽게 생긴 외모를 이용하여 인간이 자신을 만지도록 한다. 인간이 자신을 만지면 파란 연기가 되어 인간의 콧구멍으로 들어간다. 그리고 그 인간이 아이를 가지게 되면, 그 집의 딸로 태어나 자신의 계획을 방해했던 인간들에게 복수한다.

이옥안

이름	이옥안	이해관계	-2*	POWER | 파워지수
종	요괴	출몰지역	산속	
분류	괴수-일반형-요술형	키/크기	176cm	
속성	달(月)	몸무게	57kg	40
특징	여우구슬이 여러 개	나이	950살	
		시대	조선	

파워지수: 지능, 주술, 요술, 자연조절, 근력 — 40

많은 여우 요괴가 인간의 기를 빼앗고 기생하는데, 그중 특히 이옥안은 인간의 기운을 빼 앗는 데 매우 공을 들이는 요괴다. 아름다운 인간 여성을 홀려 죽인 뒤 그 피를 빨아 먹 고, 그 가죽을 탈로 뒤집어쓰고, 옥구슬이 굴러가는 듯한 목소리, 머릿속 가득한 지식과 말솜씨로 인간을 홀린다. 주로 어리석은 인간을 홀려 기운을 빼앗는다. 빼앗은 기는 모아 서 여우구슬*로 만들어 몸에 지니고 다닌다. 이옥안은 여우구슬을 여러 개 만들어 지니 고 다니며, 구슬 자체의 힘이 꽤 강한 편이라 인간이 이 구슬을 가지면 특별한 능력을 얻 을 수 있다. 이옥안의 최종 목표는 이렇게 열심히 힘을 모아 인간이 되는 것이다.

*여우구슬: 여우 요괴가 인간의 기운을 뺏어 만드는 구슬이다. 이것을 인간이 가지면 특별한 힘을 얻을 수 있다. 자세한 내용은 <한국 판타지 아이템 도감>에서 확인할 수 있다.

진여시

이름	진여시	이해관계	-2
종	요괴	출몰지역	도시 혹은 주택가
분류	괴수-일반형-변이형	키/크기	190cm
속성	달(月)	몸무게	73kg
특징	잘 때 꼬리를 못 숨김	나이	1578살
		시대	당나라

POWER | 파워지수

지능 / 주술 / 요술 / 자연조절 / 근력

42

인간의 기운을 빼앗는 여우 중 가장 악독한 방법을 사용하는 구미호다. 인간들을 괴롭히다가 어떤 도사에게 잡혀 돌상자 속에 갇혔었는데, 돌상자 속에서 도사의 술법을 귀동냥*으로 들어 신통력을 얻은 후 도망쳤다. 이후에는 계획을 세워 인간의 기를 뺏고 있다. 우선 한 집을 정한 뒤 그 집의 여자 인간을 죽여 시체는 산에 버린다. 그리고 죽인 여인으로 둔갑하여 들어가 살면서 가족들의 기운을 매일 밤낮 가리지 않고 빼앗는다. 이렇게 기운을 계속 빼앗긴 인간은 자신이 누구인지조차 모르는 바보가 되고, 끝에는 정신을 잃고 만다. 욕심이 매우 많아 가족 전부에게 이런 짓을 행하며 결국 한 집안을 10년 동안 이용하고 파탄 낸 후에야 다른 대상을 찾아 나서는 무시무시한 요괴다. 기운을 빼앗는 것과는 별개로 진여시는 아름다운 여인으로 둔갑하는 것을 가장 좋아한다. 둔갑술을 매우 잘해서 구미호인지 알아채기가 어려운데, 잘 때는 꼬리를 못 숨기는 것이 특징이다.

*귀동냥: 어떤 지식 따위를 체계적으로 배우거나 학습하지 않고 남들이 하는 말 따위를 얻어들어서 앎.

천리통·만리통

이름	천리통	이해관계	▲
종	요괴	출몰지역	알 수 없음
분류	괴수-이형-돌연변이형	키/크기	80cm
속성	나무(木)	몸무게	6kg
특징	천 리를 하루 만에 갈 수 있음	나이	알 수 없음
		시대	알 수 없음

POWER | 파워지수

지능 · 주술 · 요술 · 자연조절 · 근력

19

이름	만리통	이해관계	▲
종	요괴	출몰지역	알 수 없음
분류	괴수-이형-돌연변이형	키/크기	90cm
속성	나무(木)	몸무게	7kg
특징	만 리를 하루 만에 갈 수 있음	나이	알 수 없음
		시대	알 수 없음

POWER | 파워지수

지능 · 주술 · 요술 · 자연조절 · 근력

20

두 마리의 개 요괴로, 각각 천리통, 만리통이다. 천리통은 하루에 천 리*를 갈 수 있고, 만리통은 하루에 만 리*를 갈 수 있다. 주인의 말을 매우 잘 듣는데, 사냥개로 키워졌기 때문에 주로 어떤 대상을 잡기 위해 나타난다. 천 리와 만 리를 하루 만에 달릴 수 있기 때문에 매우 빠르고 날쌘 것이 특징이다. 하지만 개는 개인지라 먹을 것 혹은 놀 것을 던져주면 그것에 순간적으로 정신이 팔리기 때문에, 만약 천리통과 만리통에게 쫓기고 있다면 가지고 있는 뭔가를 던져 이 개들의 시선을 돌리길 추천한다.

*천 리: 약 400km
*만 리: 약 4,000km

청운도사

이름	청운	이해관계	0
종	요괴	출몰지역	깊은 산속
분류	괴수-일반형-요술형	키/크기	197cm
속성	물(水)	몸무게	88kg
특징	구름과 안개를 자유자재로 조종	나이	1650살
		시대	명나라

POWER | 파워지수

지능 / 주술 / 요술 / 자연조절 / 근력

56

구름과 안개를 마음대로 조종할 수 있는 여우다. 깊은 산속에서 오랜 시간을 보내며 인간의 힘을 빼앗던 요괴로, 천 년을 묵으며 둔갑술을 익힘과 동시에 안개를 마음대로 다룰 수 있는 능력이 생겼다. 그것에 만족하지 못하고 욕심이 커지더니 어느 날부터 자신을 청운도사라 칭하기 시작했다. 좋은 일을 하기보다는 욕심이 큰 만큼 자신에게 득이 될만한 인간에게 붙어 모사꾼* 역할을 자처했다. 구름과 안개를 이용해 인간들의 눈을 흐리게 만들고, 이를 이용해 누군가를 죽이거나 물건을 빼내 오는 등 다양한 나쁜 짓을 일삼았다. 그러던 어느 날 자신이 저지른 잘못을 깨닫고 다시 수도*에 정진하기 위해 운무*와 함께 홀연히 사라졌다. 지금은 깊은 산속에 있다는 정도만 알려져 있다.

*모사꾼: 약은 꾀로 일을 꾸미는 사람을 낮잡아 이르는 말.
*수도: 도를 닦음.
*운무: 구름과 안개를 아울러 이르는 말.

호냥이

이름	호냥이	이해관계	-1
종	요괴	출몰지역	동래 화지산
분류	괴수-이형-혼합형	키/크기	120cm
속성	흙(土)	몸무게	10kg
특징	얼핏 보면 고양이처럼 보임	나이	524살
		시대	조선

POWER | 파워지수

지능 / 주술 / 요술 / 자연조절 / 근력
40

동래 화지산에서 자리를 지키는 여우다. 명당*은 보통 신선의 땅이나 짐승의 땅으로 갈리는데, 호냥이가 차지하고 있는 동래 화지산은 짐승의 땅이다. 많은 인간들이 이곳이 명당임을 알고 있으나 삼족구 없이는 호냥이를 쫓아낼 수 없기에 그저 바라만 보는 땅이다.

아주 먼 옛날 정씨 성을 가진 이에게 호냥이가 딱 한 번 이 자리를 뺏긴 적이 있긴 하다. 이 이야기는 동래 화지산 산터 설화*로 알려져 있다. 호냥이는 얼핏 보면 고양이와 비슷한 모습을 하고 있으며, 굴에서 생활한다. 명당을 지키고 있는 만큼 인간이 이곳을 차지하기 위해 찾아오면 공격하고, 만약 이곳에 무덤이라도 만들면 "도둑이 들었다!"라고 외치며 찾아와 그 자리를 마구 파헤친다.

*명당: 풍수지리에서, 후손에게 장차 좋은 일이 많이 생기게 된다는 묏자리나 집터.
*동래 화지산 산터 설화: 정씨(鄭氏)의 성을 가진 아전이 동래(東萊)의 화지산 산터에서 여우가 지키고 있는 명당자리를 얻게 되는 설화

호미아

이름	호미아	이해관계	-2	POWER | 파워지수
종	요괴	출몰지역	운수산	지능
분류	괴수-일반형-변이형	키/크기	208cm	주술
속성	나무(木)	몸무게	112kg	54
특징	입에서 독기를 뿜어냄	나이	1345살	근력 / 자연조절 / 요술
		시대	명나라	

금빛 털에 꼬리가 일곱 달린 여우로, 구미호를 스승으로 두고 있는 요괴다. 도술과 둔갑 실력이 뛰어나며, 약을 그 누구보다 잘 활용한다. 인간으로 둔갑해서 한 집안을 풍비박산 내는 것은 물론, 인간왕을 마음대로 조종한 적도 있다. 도술을 사용하지 않아도 뛰어난 신체 능력을 이용해 웬만한 상대는 이길 수 있다. 용이 머리를 물어도 피만 좀 흘리는 정도로 맷집이 좋으며, 입에서는 독기를 내뿜는다. 이 독기로만 인간을 30명은 거뜬히 죽일 수 있다. 자신이 죽인 인간의 피를 빨아먹는 것을 특히 좋아하는데, 피를 빨아먹은 후에는 잠을 자서 기력을 보충하곤 한다.

호봉사

Hobongsa

이름	호봉사	이해관계	0	POWER | 파워지수
종	요괴	출몰지역	삼각산	
분류	괴수-일반형-변이형	키/크기	166cm	
속성	물(水)	몸무게	50kg	
특징	매에게 눈을 잃은 구미호	나이	1530살	
		시대	조선 초기	

경기도 삼각산에 사는 구미호다. 나라를 망하게 하는 것이 목적인 여우로, 실제로 조선시대에는 관원으로 둔갑하여 이성계를 죽이기 위해 궁궐을 드나들며 살기를 퍼뜨리고 나랏일을 방해하였다. 하지만 황희*에게 정체를 들켰고, 천적인 보라매*에게 두 눈이 쪼여 쫓겨났다. 그래서 지금은 시력을 잃은 채로 삼각산에 숨어 살고 있다. 하지만 아직 남아있는 도술을 이용해 여전히 나라를 망하게 하려고 호시탐탐 기회를 엿보고 있다.

*황희: 조선전기 우의정, 좌의정, 영의정부사 등을 역임한 관리.
*보라매: 난 지 1년이 안 된 새끼를 잡아 길들여서 사냥에 쓰는 매.

호천년

이름	호천년	이해관계	▲
종	요괴	출몰지역	전쟁터, 형산
분류	괴수-일반형-변이형	키/크기	177cm
속성	쇠(金)	몸무게	68kg
특징	소년 모습의 구미호 전쟁광	나이	1700살
		시대	명나라

POWER | 파워지수

지능 / 주술 / 요술 / 자연조절 / 근력

53

소년 모습의 구미호다. 원래는 형산의 깊은 곳에 은거하며 인간 세상에 모습을 드러내지 않고 있었으나 인간들이 전쟁에서 싸울 수 있는 장수를 구한다는 이야기를 듣고 내려온 이후로는 계속 인간 세상에 머물며 전쟁을 찾아다니고 있다. 소년의 모습을 하고 있음에도 전쟁에 나갈 수 있었던 이유는 여러 가지 도술에 능하며, 몸을 변화하는 능력을 가지고 있기 때문이다. 둔갑술로 신선을 흉내낼 수도 있어 오랜 시간 동안 죽지 않고 전쟁에 다니며 싸우고 다닐 수 있었다. 이 전쟁광 요괴를 죽일 수 있는 방법은 오직 천년 묵은 백자나무로 만든 송백도*로 꼬리 아홉 개를 전부 자르는 것뿐이다.

*송백도: 천 년 묵은 백자나무로 만든 목검이다. 자세한 내용은 <한국 판타지 아이템 도감>에서 확인할 수 있다.

흑여우

이름	흑여우	이해관계	+3*	POWER ㅣ 파워지수
종	신령	출몰지역	삼기산	
분류	신령-수련형	키/크기	400cm	
속성	달(月)	몸무게	130kg	72
특징	옻칠한 것과 같이 검고 짙은 털	나이	4450살	
		시대	신라 진평왕	

지능 / 주술 / 요술 / 자연조절 / 근력

삼기산에 사는 흑여우다. 옻칠을 한 것과 같이 짙고 고급스러운 검은 색의 털이 특징이다. 많은 이들이 여우 귀신일 뿐이라고 모함하고 욕하지만, 세상의 진리와 이치를 깨닫기 위해 수행하는 자들에게 해답을 알려주는 진정한 신이다. 몇천 년을 산 여우로 술법은 물론이고, 모든 것을 다 알고 있으며, 미래에 일어날 일도 예견할 수 있다. 그래서 웬만한 일에는 잘 놀라지도, 화내지도 않는다. 옛날 자신을 신이라 믿으며 본모습을 궁금해하던 인간에게 도술을 이용해 하늘 위 구름 사이로 커다란 팔뚝을 보여준 적이 있다. 이렇게 본모습을 드러내지 않기 때문에 흑여우라는 사실을 아는 이는 거의 없다. 하지만 누군가를 돕고자 하면 자신에게 오는 길을 평탄하게 만들어주고 하늘에 신호를 보내는 것도 쉽게 할 수 있는 영험하고 지혜로운 여우신이다.

부 록

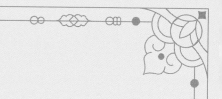

지금부터 보실 내용은 기록으로 남지 않은 묘시니들의 진짜 이야기를 담은 것입니다. 현재 인계에 살고 있는 인간들은 들어보지도 못한 알 수 없는 신비로운 세상에서 벌어지는 이야기입니다.

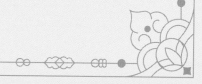

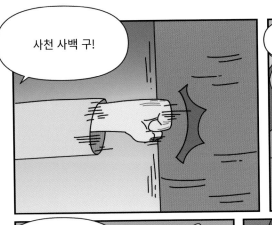

사천 사백 구!

얍!

오늘도 열심히 했군

응? 누구지?

인간들은 아무도 모르는 산 속인데...

묘신계
여우구역

와! 여우들이다!

여가 바로
인간들은 모르는
숨겨진
여우 구역이다

그럼 구경 잘해라!
난 간디~

잠깐만!

나도 도술
쓰고싶어

가르쳐
줄 수 있어?

내가 만다꼬?

나 반드시
인간들에게
복수해야 해

너의 힘이 필요해
도와줘!

음...

여우구슬!
우와~ 신기하다

아무한테나
보여주거나
꺼내면 안된다

일단 온 몸에
기운을 모은다고
생각해봐

온몸에
기를 모은다

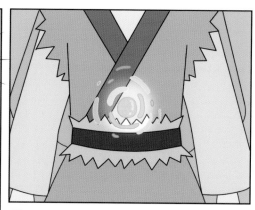

오호?!

눈 떠봐라

와! 이게..

니 제법 잘하네

정말?

내랑 좀만 더 연습하면 되겠다

앗싸!

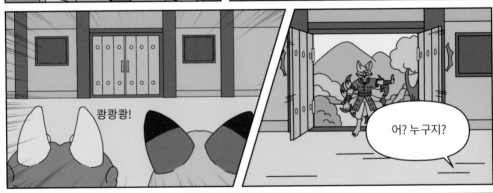

쾅쾅쾅!

어? 누구지?

야 이옥안, 나랑 싸울 상대가 여기 있다며!

어디?

염장미는 불을 다룰 줄 아는 여우다

와! 불 멋있다

염장미! 나에게도 불을 다루는 능력을 알려줘!

나랑 싸워 이기려고?

원한다면...

알려주지!

생각보다 간단한데?

머릿속에 불꽃을 떠올리며 꼬리에 힘을 모으면 돼

그래?
그럼 해봐!

다시 싸우자
염장미!

꼬리에
힘을..

앗!

뽀옹!

으캬캬캬캬!

출처

묘신계록의 원전이 되는 이야기로, 한국의 고전 속에서 수집한 내용을 정리한 부분입니다. 정확한 기록으로 정리되어 있으며, 일부는 그 지역의 언어와 단어들이 사용되어 있음을 알려드립니다.

참고문헌 및 출처

캐릭터	문헌	출전	문헌 속 한 줄
간선호	[삼국유사]	일연, [삼국유사], 진한엠앤비	매일 한 사미가 해돋을 넉이면 하늘에서 내려와 다라니를 외면서 이 못을 세 바퀴 돈다 그러면 우리 부부랑 자손들은 모두 물 위에 뜨게 된다. 이렇게 해두고 그 사미는 내 자손들의 간장을 빼어 먹어왔다. 이제 내 자손들의 간장은 다 빼먹고 오직 우리 부부와 딸 하나만 넘겨두고 있다.
견호	[한국구비문학대계 DB]	[한국구비문학대계 DB], 개로 둔갑한 여우	포수가 더 큰 포수를 데리고 그 집을 찾아가자 피비린내가 진동을 하고 있었다. 그 개가 포수랑 이야기를 했다고 처녀를 물어 죽인 것이었다.
고대호	[동패낙송]	[동패낙송], 332	아주 오랜 옛날 유소씨(有巢氏) 때에 여우 한 마리가 태어났는데, 세월이 지나면서 이 여우는 꼬리가 아홉 개 생겨서 구미호로 변했다. 이 구미호는 매우 영악하여 모든 천지조화를 다 알고 인간 세상의 일을 모르는 것이 없었으므로, 우주 안에 있는 모든 신들 중 그를 당할 자가 없었다.
골대감	[한국구비문학대계]	[한국구비문학대계] 1-2, 36-37 / 1-7, 327-329 / 1-7, 508-512 / 1-8, 323-324 / 1-9, 574-580 / 2-2, 508-510 / 2-6, 295-297 / 3-4, 703-706 / 4-2, 273-276 / 4-2, 429-431 / 4-2, 550-552 / 4-2, 633-635 / 4-5, 703-708 / 4-6, 196-199 / 4-6, 592-594 / 5-2, 371-374 / 5-2, 535-536 / 5-3, 334-337 / 5-4, 524-527 / 5-4, 826-827 / 5-4, 963-964 / 5-5, 25-27 / 5-5, 306-308 / 5-6, 102-107 / 6-4, 273-276 / 6-4, 672-673 / 6-9, 441-443 / 6-10, 84-87 / 7-10, 460-466 / 7-15, 488-489 / 8-3, 106-108 / 8-10, 614-616 / 9-2, 198-202	"소금장사가 소금짐을 지구 댕기는디, 한 고개를 올라느라구 올라가니께루, 워서루 '독독독독' 긁는 소리두 나구 '해해해해'소리가 나더랴. 가만이 넘어다 봉께루 여수 둘이 해골바가지를 긁으면서 두집어 쓰고서는. "내가 아무거시 할머니 같으냐?" "같으다." 서루 요렇거구 허더랴."
괴견	[임석재전집 한국구전설화], [한국구비문학대계]	[한국구비문학대계] 1-8, 128-133 / 7-5, 39-41 / 7-5, 281-282 / 7-8, 1212-1214 / 7-14, 759-763 / 8-5, 1034-1036 / [임석재전집 한국구전설화] 5, 178	한 남자가 잠을 자고 있었는데 그때 남자가 자고 있는 개가 남자 옆에 와서 여러 번 누워보면서 남자의 키를 재고 있었다. 잠을 자다 문득 잠을 깬 남자는 개의 행동이 수상하여 계속 자는 척하면서 그 모습을 지켜보았다. 주인의 키를 잰 개는 뒷동산으로 올라갔고 이를 수상히 여긴 주인이 몰래 개의 뒤를 따라가보니 개는 그곳에 주인 키만큼 땅을 파고는 다시 집으로 돌아갔다.

구미호 각시	[한국구비문학대계 DB]	[한국구비문학대계 DB], 구미호 색시	구미호는 기절한 남편을 발견하게 되었어요. 그 구미호에게는 어미여우가 있었는데 어미여우는 그 남자를 살려두면 소문을 내고 다닐 것이니 죽이라고 했어요.
굴여우 가족	[장인걸전]	<장인걸전>, 서울대학교 가람 문고본	유학산의 큰 굴에 오래 묵은 세 마리가 살고 있었다. 여우들은 인주에 사는 사람들을 유혹하고 재물을 탈취하는 등 온갖 재변을 일으켰으며, 인주로 부사가 오면 오는 족족 죽여버렸다.
금란	[전우치전]	[전우치전], 장서각본 / [전우치전], 서울대학교 규장각본 / [전우치전], 신문관본.	송곳으로 여기저기를 쑤시니 요괴가 견디지 못하고 본색을 드러냈다 금빛 털에 꼬리가 아홉 달린 여우로 변하여 살려달라 애원하니, 전우치가 말했다. "나에게 호정을 주면 너를 살려주겠다." 이에 구미호는 "호정은 뱃속에 있습니다. 호정보다 나은 천서 세 권이 있으니 목숨을 살려주소서."
금선법사	[명주보월빙]	[명주보월빙], 장서각 소장본.	서촉 청성산의 여도사로 본모습은 삼천년 묵은 칠미호로 잡아먹은 사람의 수가 백이 넘으나 변화무쌍하고 도술이 뛰어나 소원이 있는 사람이 원하는 것을 즉시 이루어주며, 사람의 길흉화복과 전정만리를 다 알아 사람들은 그녀가 신통하다며 부처같이 받들어 법호를 금선법사라 하고 별호를 신묘랑
금천자	[임석재전집 한국구전설화]	[임석재전집 한국구전설화] 8, 40	그때 나랏님이 天機를 봉께 千年 묵은 여시 뱃속에 金天子가 들어있었다. 이 金天子가 시상에 나오면 나라가 망허게 생겨서 이거 저리 두었다가넌 큰일 나겄다 허고 千年 묵은 여시럴 잡어오라고 사방에다 방열 써 붙였다.
길달	[삼국유사]	일연, [삼국유사], 진한엠앤비	왕이 이를 듣고 도깨비무리 중에 인간으로 나타나서 정치를 도울 자가 있느냐는 물음에 길달을 추천했다. 왕이 집사의 벼슬을 주니 매우 충직했다. 각간(角干) 임종(林宗)이 아들이 없었으므로 왕이 명하여 아들을 삼게 하였다. 임종이 흥륜사(興輪寺) 남쪽에 문루를 세우게 하고 여기서 자게 하니 이를 길달문(吉達門)이라 하였다. 어느 날 여우로 변하여 도망치니 비형랑이 도깨비들을 시켜 잡아 죽였다.
날라	[기장군지]	[기장군지] 하, 399	황룡이 여의주를 얻어 승천하던 날 매구가 강가에서 빨래를 하다가 그 모습을 보고 황룡에게 "노란 구렁이가 지랄을 한다."며 조롱했다. 이 매구는 천년 묵은 여우가 여자로 둔갑한 것으로 마을을 돌면서 마을 사람들을 괴롭혀 왔다. 매구의 조롱에 화가 난 황룡은 하늘로 올라가려다 말고 두 발로 매구를 움켜잡으려고 하였다. 그러다가 가지고 있던 여의주를 용천강에 빠뜨려서 황룡은 하늘로 올라가지 못하게 되어 버렸다.

단약 여우	[명행정의록]	[명행정의록], 한국학중앙연구원 소장본	그 사람이 위천보의 앞에 와 꿇어 앉으며 말하였다. "저는 다른 사람이 아니라 항주에서 만났던 여우입니다. 제가 수백년 동안 오래된 무덤 속에 구멍을 뚫고 들어가 하늘과 달, 별의 흐름을 엿보며 이슬과 안개를 마셨습니다. 그러면서 오직 득도하기만을 생각하였는데, 그것을 도와줄 사람을 만나지 못했습니다. 그런데 뜻밖에도 천존의 자비로운 허락을 얻어 위염청 어르신께 세상에 다시 없을 보배로운 시문을 얻었습니다."
도개	[임석재전집 한국구전설화]	[임석재전집 한국구전설화] 10, 316	어느날 여종은 개를 데리고 들에 나갔더니 이 개는 별안간 큰 구렁으로 변해서 "이년! 왜 밥도 조금 주고, 안 주고, 때리기도 하냐? 오늘 널 죽이고 말겠다." 하면서 달려들었다.
마호	[삼한습유]	조혜란 역,[삼한습유], 고려대학교 민족문화연구원	향랑의 향기로운 향이 탐났던 여우는 옥녀가 지나가는 곳에 몸을 웅크리고 있다가 옥녀가 지나갈 때 달려들어 향을 빼앗으려고 했다. 옥녀는 워낙 갑작스럽게 일어난 일이라 자신에게 달려든 것이 사람인지 귀신인지도 모른 채 맨손으로 때리며 싸웠으나 향을 빼앗길 위기에 빠지게 된다. 그때 마침 관화동자(灌花童子)가 꽃에 물을 주다가 돌아보니 여자와 괴물이 서로 치고받고 있었다. 그래서 곧바로 달려가 도와주자 결국 여우정령은 패하여 달아났다.
모모	[한국구비문학대계]	[한국구비문학대계] 4-5, 621-624	"산고랑 이름이 머리깍이고랑인디 누구던지 거기 가면 머리 깎구 와. ... 그래 어떠헌 눔덜이 그런 디 가서 여수 한티 홀려가지구 머리를 깍구 온단 말이냐구."
무당 여우	[김제시사]	[김제시사], 여우고개	그런데 주인의 아내가 아프다고 무당을 불러서 굿을 하고 있는데 자세히 들어보니 "전라도 김제 땅 강태진이란 놈 하는 일마다 망하고 염병이나 앓다가 죽어라." 하며 주문을 외는 소리가 들리는 것이었다. 하도 이상해서 가까이 가보니 그 무당은 귀가 잘린 백여우가 틀림없었다.
무명	[한국구비문학대계]	[한국구비문학대계] 5-7, 201-202 / 6-11, 430-432	메누리를 얻어다 놨드만 여시를 얻어다 놨던 갑디다. 얻어다 놨드만 모시를 그전으는 모시 길쌈험서 모시를 째라고 허면 하룻 저녁에 한 대썩을 째 가지고 왔드래라우. 그서는 어찌게 헌고 가만히 엿을 본게로 모가지 딱씌움서는 저그 벼랑박에 걸어 놓고는 니 발로 이렇게 찢어갖고는 탈탈 턴 제 짼 놈 같더라우.

미자	[칠곡군지], [한국구비문학대계 DB], [완주의 구전설화]	[칠곡군지], 칠곡군지편찬위원회, 967 / [한국구비문학대계 DB], 처녀로 둔갑한 여우와 진짜처녀 가려내기, 신종국, 경상남도 창녕군 / [완주의 구전설화], 문예연구사, 74	두 개의 장대로 지주를 세우고 그 위에 하나의 장대를 높이 걸쳐 놓고는 "이 장대를 뛰어넘는 색시가 진짜 내 며느리다!"라고 두 색시에게 말하였다. 혼례를 올리기 전에 두 색시끼리 높이뛰기를 겨루라고 하자, 한 색시는 빨개진 낯으로 어찌할 바를 모르고 머뭇거리기만 하는데, 다른 한 색시는 주저 없이 높은 장대 위를 훌쩍훌쩍 뛰어넘으니 마을 사람들은 마냥 신기한 듯 환호성을 질렀다.
박반야	[디지털여수문화대전]	[디지털여수문화대전], 동식물에 관한 전설, 여우굴	귀신을 기다리다 지친 김공은 어렴풋이 잠이 들었고, 하늘에서 방금 하강한 선녀같이 아리따운 여인과 밤을 즐기다 그녀가 꼬리가 여섯 개나 달린 수천 년 묵은 불여우라는 사실을 알고는 잠을 깼다.
백면도고	[임씨삼대록]	<임씨삼대록>, 장서각본.	원래 이 여도사는 안문산(雁門山) 구도동에서 수천 년 득도(得道)한 백여우였다. 그래서 스스로 이르기를 '백면도고'라 했다. 남혜지는 자신이 그간 배운 요술과 변화술을 백면도고에게 보여주었고 백면도고 역시 요술과 변화술이 무궁하였다.
백사기	[한국구비문학대계]	[한국구비문학대계] 8-9, 969-974	손을 내보라면서 우리 아버지는 오른쪽의 엄지손가락이 없지 않았냐고 말했다. 그러니까 아버지라고 찾아온 것이 오른손을 대문구멍으로 내놓는데, 과연 엄지손가락이 없었다. 셋째 아들은 그 손을 잡으면서 "야! 이놈 잡았다. 우리 아버지가 엄지손가락이 왜 없어!"하고 소리치면서 고함을 질렀다. 그래서 사람들이 나와서 그것을 두들겨 잡았더니 하얀 백여시였다.
불개	[임석재전집 한국구전설화]	[임석재전집 한국구전설화] 7, 138	하늘 위에도 이 세상과 같이 많은 나라들이 있다. 그중 '까막나라'라는 나라가 있었다. 이 까막나라에는 무서운 맹견을 많이 기르고 있었다. 이것을 불개라고 한다. 까막나라의 왕은 무엇보다도 자기가 다스리는 나라가 암흑인 것을 걱정하며 싫어하고 있었다. 그 나라에는 태양도 없거니와 달도 없기 때문이다.
서용왕	[천정가연]	[(의용무쌍)텬뎡가연], 국립중앙도서관본.	서용왕이 만년무근여호라 경젹지말고 급하거든 이 경문을 외오라고 책 한 권을 쥬고 꼬약셰보를 쥬며왈 유장군이 병니급헐거신이 그때를 당하거든약을쓰라하고 사십년후면 다시맛날 긔회잇스이 밧비 가라하고 간곳업난
석호	[기장군지]	[기장군지] 하, 407	어느 날 밝은 밤, 술에 취해 집으로 가던 젊은 남자를 본 여우는 처녀로 둔갑하여 접근하였다. 그런데 남자의 몸에서 술 냄새를 맡고는 소리를 지르면서 늙은 여우가 되어 도망쳤다. 이에 마을 사람들은 여우가 술 냄새에 약하다는 깃을 알게 되어, 여수디미와 마을에 술을 뿌리고 여우 바위에는 술통을 놓아두었다. 여우는 술 냄새 때문에 변신을 하지 못하고 마을 사람들에게 붙잡혀 죽고 말았다.

소보살	[옥루몽]	[옥루몽], 회동서관본.	소보살이 바야흐로 호로병을 거두고 홍 사마의 앞에 이르러 무릎 꿇고 사과하였다. "제자가 전날 홍도국 전투에서 장군의 자비로운 덕을 입어 망념을 깨뜨리고 공덕을 닦아 서천에 귀의하여 짐승의 형체를 벗고 길이 극락을 누리고 있으니, 이는 모두 장군의 덕입니다. 어찌 감히 인간 세계에 모습을 드러내어 다시 악업을 짓겠습니까? 이들 수십 마리의 업축은 예전 자와 함께 지내던 무리들입니다. 제가 서천으로 갈 때 십분 부탁하여 골짜기를 지키면서 절대 난을 일으키지 말라고 하였는데 저들이 도리어 제 이름을 빌려 이곳에서 변괴를 일으켰으니, 이는 제자의 수치입니다. 제가 사부님의 명을 받아 잡아가니, 장군께서는 큰 공을 이루어 인간의 공덕을 닦으시고 서천에 귀의하시면 다시 응당 얼굴을 뵙겠습니다." 인하여 간 곳이 없었다.
송백	[임석재전집 한국구전설화], [태조대왕실기], [한국구비문학대계 DB]	[임석재전집 한국구전설화] 8, 125 / [태조대왕실기], 덕흥서림본. / [한국구비문학대계 DB], 이성계를 도운 여우	이성계년 그 화살열 줏어서 챙겨넣고 여시럴 따라갔다. 여시넌 산꼭대기꺼지 가더니 그 집에서 받어각고 온 돈자루럴 다 쏟았다. 그렁께 그 산언 온통 돈데미가 됐다. 이리 놓고 여시가 뭣둥이서 재주럴 홀딱홀딱 세 번 넘더니 다시 백여시가 돼각고 어디론가 가버렸다.
송사위	[한국구비문학대계], [임석재전집 한국구전설화]	[한국구비문학대계] 3-2, 474-479 / 5-6, 622-628 / [임석재전집 한국구전설화] 4, 182/ 6, 158 / 7, 205	이놈이 그날부터 좌우간 도습을 해 가지구 냅다 달아 나는거여. 달아 나서 어디르 가는고 하니 중국 지방을 들어가 가지구서 이태백이 무덤을 냅다 판단 말이야. [웃는다] 여수가 말이여. 집어 파면서 파니께 이태백이가 영혼이. "이놈 네가 왜 남의 무덤을 와서 백골을 파느냐?" 그러니께 이 여수가 하는 소리가 "내 글을 한 짝 차력(借力)을 받으러 왔는데 아무리 불러도 대답이 없으니께 내가 파서 이 놈의 백골을 없앨라구 그란다."구 그런단 말여.
식인 여우 부부	[한국구비문학대계]	[한국구비문학대계] 7-8, 145-147 / 7-8, 147-150	대가리만 천장에다 달아 놓고 그걸 개장을 해가주고 시장에 가 팔더래여. 엊저녁에 보던 할마이, 영갬이. 팔길래 그걸, 잇날 이얘기라 아주 잇날. 그래 인자 가서 개장 한 그륵 돌라 카잉게 한 그륵 주더래여.
신구	[신화 속 상상동물 열전]	윤열수, [신화 속 상상동물 열전], 한국문화재보호재단	민화 가운데 벽사적 성격을 띤 네눈박이 또는 세눈박이 개를 부적처럼 그린 그림이 있다.(중략) 세시 풍속에서도 매년 정초에 대문에 개 그림을 붙여 귀신이나 도둑을 지키는 벽사(辟邪)와 영수(靈獸)로 여겼다.
신랑	[한국구비문학대계]	[한국구비문학대계] 7-10, 466-467 / 7-13, 184-186 / 7-14, 136-138 / 7-17, 562-564 / 7-18, 181-182 / 8-8, 527-530	그래 인제 여 강감철이가 가보니께 인제 예끼가 둔갑을 해서 왔다고. 그 신랑을 버리고. 쪼만한기 요리 와서러, 요래 인제 초례를 치르는 데 가서 요래 새로 들다 보이께, 예끼그던. 자기 눈엔 예끼란 말이래. 다른 사람은 모르지.

야구호들	[소한세설], [매옹한록]	[소한세설], 385 / [매옹한록], 491	그때 갑자기 부적에서 붉은 색의 개 한 마리가 뛰어나오더니 저쪽에 서서 떨고 있는 노파에게 달려가 급히 물어 죽이는데, 살펴보니 꼬리가 아홉 개 달린 구미호가 쓰러지는 것이었다. 즉 통인이 부친의 묘를 이장한 곳은 바로 오래된 구미호의 보금자리였던 것이다.
여우 누이	[한국구비문학대계], [임석재전집 한국구전설화]	[한국구비문학대계] 1-1, 500-505 / 1-9, 212-215 / 2-5, 136-139 / 4-2, 424-427 / 4-5, 180-182 / 4-5, 329-336 / 4-6, 551-554 / 5-7, 199-201 / 6-4, 595-599 / 6-5, 315-317 / 6-7, 43-44 / 6-10, 195-196 / 7-1, 335-337 / 7-3, 468-471 / 7-4, 17-21 / 7-10, 515-516 / 7-12, 151-154 / 7-14, 610-612 / 7-16, 62-63 / 7-17, 393-397 / 8-1, 262-266 / 8-2, 41-45 / 8-5, 161-165 / 8-9, 331-334 / 8-9, 1028-1032 / 8-12, 324-327 / 8-12, 478-481 / 8-14, 323-334 / [임석재전집 한국구전설화] 2, 55	자꾸 이렇게 말을 했는데 그 여우같은 딸이 자꾸 손구락 손을 디밀어서 말을 그냥 간을 끄내 먹어가주고 툭 씨러지고 툭 씨러지고 그래더래잖아요.
여우 모녀	[국역 학산한언]	김동욱 역, [국역 학산한언] 2, 133-134	그 과부와 딸이 이 시를 읊조리자 선비는 놀랍고 괴이하게 여겨서 감히 그림을 그릴 수가 없었다. 그 시는 진정 귀신의 글이었다. 다만 귀신은 어두운 밤에 나타나는데 둔갑한 여우나 삵은 환한 대낮에도 나타난다. 그 과부와 딸은 여우와 삵이었을 것이다. 선비는 다행히 그곳에서 벗어날 수 있었다.
여우 부부 사기단	[삼국유사]	일연, [삼국유사], 진한엠앤비	밀본법사는 왕의 침실 밖에서 <약사경>을 읽었다. 경문을 한 번 읽자마자 법사가 가졌던 육환장이 침실 안으로 날아들어, 한 마리 늙은 여우와 범치을 찔러 뜰 아래로 내동댕이쳤다.
여우 여왕	[태원지]	임치균 역, [태원지 현대어본], 한국학중앙연구원	죽은 후에 모아보니 여왕과 아홉 공주는 꼬리가 일곱, 다섯, 셋인 여우였으며 시녀들은 여러 해 묵은 늙은 여우였다. 궁전과 성곽은 썩은 나무 등걸과 돌무더기였으며, 금과 옥으로 된 그 릇들은 사람의 해골이거나 게 껍질이나 조개 껍질이었다. 놀란 임성일행은 급히 배로 돌아갔는데 돌아오는 길에 있던 그 많던 촌가가 모두 흙덩이와 수풀로 변해 있었다.
여우 할멈	[안산시사]	[안산시사] 중, 752	밤이면 여우가 할멈으로 변신하여 특히 어린아이나 아녀자를 홀려 깊은 산속으로 끌고 들어가 옷을 홀딱 벗기고 갖은 희롱을 하다 사라진다는 소문이 돌았다. 또한 그 여우할멈은 오른가리 쑹농보시의 한 곳에 깊은 굴을 파고 살면서 비가 오거나 눈이 내리는 밤이면 마을 어귀에 있는 할아버지의 집 씨암탉과 병아리를 예사로 잡아먹었다.

염장미	[한국구비문학대계]	[한국구비문학대계], 2-2, 685-687	성 포수는 섣달그믐도 되고 하니 집 생각이 나서 잠을 못 들고 있었는데 불이 환해서 내다보니 어떤 여자가 지붕으로 다니며 불을 지르고 있었다.
옥선	[임씨삼대록]	<임씨삼대록>, 장서각본.	그 뒤 구미호 한 마리가 나타났는데, 선동과 선녀가 붉은 실로 맺어진 것에 크게 화나 금빛 털을 곧추세우며 흉악한 소리를 지르고, 두 머리와 아홉 꼬리를 흔들며 입으로 누런 안개를 토했다. 그리고 한 번 소리를 지르자, 집채 만 했던 구미호가 갑자기 아름다운 여인으로 바뀌었다.
유성신	[희암집]	[한국고전종합 DB]	당(唐) 나라 도사(道士) 나공원(羅公遠)이 유성(劉成)으로 둔갑한 천호(天狐)를 죽이지 않고 멀리 신라로 내쫓아 보냈더니 지금도 신라(新羅)에서는 유성신(劉成神)이 있는데 그 나라 사람들은 그를 경건히 모신다.
은미	[임석재전집 한국구전설화], [한국구비문학대계]	[임석재전집 한국구전설화] 12, 77 / 7, 203 / 10, 156 / 10, 158 / [한국구비문학대계] 7-4, 133-135	할머니에게 당신은 대체 누구냐고 물으니 그녀는 자신은 금강산 산신으로 산을 오랫동안 지키고 살았는데 몇만 년 된 여우가 조화를 피워서 금강산을 빼앗기고 그 오랜기간 힘들게 살았는데 이제는 여우가 없어졌으니 나도 안심하고 산을 다시 다스리면서 잘 지낼 것이라고 했다.
이옥안	[서화담전]	[도술이 유명한 서화담], 지식을만드는지식 / [서화담전], 광동서국본.	"다음 날 화담 선생을 찾아간 허운은 모두 사실대로 이야기 하고 그 구슬은 무엇이고, 그녀는 어떤 사람인지 묻자 화담 선생은 웃으면서 설명했습니다. "그 여자는 여우인데, 변하여 사람이 되려고 하는 것이니라. 여우가 수백 년을 묵으면 아름다운 여성을 홀려 죽여서 그 피를 빨아 먹고, 그 여인의 탈을 뒤집어쓰고 다니면서 어여쁜 남자를 홀려 육체 관계를 맺어 양기를 빼앗고 영영 사람이 되려 함이니라. 그 구슬은 여우가 모은 정기가 형상화 한 것이니라. 그 구슬의 힘으로 변신을 하는 것이기에 구슬을 잃은 지금은 변신을 할 수 없으니 앞으로는 사람에게 가까이 다가오지 못 할 것이다.""
진여시	[옥란기연]	[옥란기연], 미국 하버드대학교 옌칭도서관 소장본.	구미호가 설 사랑을 재운 후, 자기 잠자리에 누워 깊이 잠들었다. 원래 구미호는 잘 때 꼬리를 감추지 못하는 습성이 있었다. 그래서 설 사랑의 정기를 흡입하고 나면 문을 단단히 걸어잠그고 자신이 깰 때까지 하인들을 오지 못하게 하였다.

천리통, 만리통	[살아있는 한국신화]	신동흔, [살아있는 한국 신화], 한겨레출판	천년장자는 자신 몰래 한락궁이를 달아나게 한 원강아미의 목을 베어 죽여 버린 뒤, 하루에 천리를 달리는 천리통을 불러내어 "천리통아, 한락궁이를 물어오너라. 죽여 버리라" 하고 명했다. 주인의 말을 들은 천리통은 재빠르게 달려가 한락궁이가 물을 건너려고 할 때 바로 뒤까지 쫓아왔다. 이를 막기 위해 한락궁이가 메밀범벅을 던져주니, 천리통이 넙죽 받아먹고는 맛이 너무 짜서 물을 먹으러 갔다. 그 사이에 한락궁이는 무사히 물을 건너 길을 갔다.
청운도사	[유화기연]	[유화기연], 동양문고본	도새 생각건대 제 여간 요술이 대군자의 정도의 발뵈지 못할지라 이의 칼을 따해 바리고 재배칭사 왈 "장군의 신위 영무난 셰상의 드문지라 빈되 시무랄 아지 못하옵고 오랑캐랄 도와 존위랄 촘범한 죄 만사무석이어날 이제 이러틋 션도로 효유하시니 엇지 각골감은치 아니리잇고 빈되 이제로 바로 녜 잇든 산으로 도라가 다시 슈도하여 감이 이심을 두지 아니리니 원슈난 일작이 개가랄 불너 도라가사 만슈무강하쇼셔" 하고 다시 재배하즉한 후 셤의 나리며 문득 공즁의 올나 운무 즁의 싸히여 간 곳을 모랄네라
호낭이	문화콘텐츠닷컴	동래 화지산 산터설화	밤이 되자 고양이도 아니고 여우도 아닌 것이 오더니 "도둑이 들었다." 라고 말하며 묘를 파기 시작했다. 파다가 정승 유지가 나오자 서울 황정승 집에서 감장을 한 것이라며 주저주저했다. 이때 삼족구들이 득달같이 달려 나가 그것을 물어 죽였다. 그러자 삼족구와 고양이도 아니고 여우도 아닌 것이 함께 간 곳이 없어졌다.
호미아	[유이양문록]	[유이양문록], 한국학중앙연구원 소장.	호미아가 날이 밝을 때까지 난리를 쳤는데, 빨리 피하지 못한 자는 그 독을 정면으로 맞아 조금 이따가 죽었고 직접 물린 자는 그 자리에서 죽었다. 이날 죽은 궁인이 거의 30여 명이었는데, 호미아가 그 시신 위에 올라가 피를 빨아먹었다.
호봉사	[조선개국록]	임형택, [조선개국록: 민간적 상상의 역사소설], 민족문학사연구소	이성계가 고려를 멸망시키고 조선을 세운지 얼마 되지 않았을 때의 일이다. 삼각산에 살던 구미호가 이성계를 없애고 조선을 망하게 하기 위해 가원으로 둔갑하여 궁궐에 드나들었다.
호천년	[사각전]	[사각전], 국립중앙도서관 소장.	홀연 한소년이 공중으로붓터 나려와 호왕게 뵈이거늘 호왕이 대겨문왈 그대는 뉘신잇고 소년이 대왈 소장의 성은 호요 명은 천년이라 형산심곡중에 숨어잇셔 세상에 나오지안이한지 구백년이옵드니....
흑여우	[삼국유사]	인연, [산구유사], 집한옛애비	원광법사가 이튿날 아침에 동쪽 하늘가를 바라보니 커다란 팔뚝이 구름을 뚫고 하늘가에 닿아 있었다. 그날밤 신령이 또 왔다. "법사는 나의 팔을 보았는가?" 원광은 보았으며 무척 신기라더라도 답했다.

여우 요괴 도감 (묘신계록 제4권)
Encyclopedia of MeoShinKe Monsters Book 4
ⓒ 2023 HWA HWA CO., LTD. All rights reserved.

초판 1쇄 2023년 4월 10일 발행

디자인 및 제작   화화 스튜디오
발행처   화화 스튜디오
주 소   부산시 해운대구 센텀중앙로 48 에이스하이테크21
전 화   051-746-2456
팩 스   051-746-2455
홈페이지   http://hwahwa.com
블로그   https://blog.naver.com/hwahwa_studio
인스타그램   https://www.instagram.com/meoshinke/
네이버스토어   https://smartstore.naver.com/hwahwa

ISBN   979-11-981515-1-3 [04910]
       979-11-967556-7-6 (세트)